S

Max Frisch
Aus dem Berliner Journal

Herausgegeben von
Thomas Strässle
unter Mitarbeit von
Margit Unser

Suhrkamp

4. Auflage 2014

Erste Auflage 2014
Druck: Pustet, Regensburg
Printed in Germany
ISBN 978-3-518-42352-3

Aus dem Berliner Journal

Aus Heft 1 [1973]

6.2.

Übernahme der Wohnung (Sarrazin Strasse 8) und Abend
bei Grass. Nieren.

—

Wütend, als widerfahre mir ein Unrecht sondergleichen, dann verzweifelt, dass ich die Situation (ich habe begriffen, dass es kein Unrecht ist) nicht ändern kann, steige ich auf die Fensterbank, drohe (Euch werde ich's zeigen!) in der Gewissheit, dass ich, solange ich schreie, durchaus fliegen kann, und springe auch ab, angstvoll und hochmütig, aber mein Schrei reicht nur kurz, umso schneller mein Sturz, sie behalten recht.

7.2.

Anna Grass leiht uns zwei Betten, wir wohnen noch nicht. Lieferfristen. Ein Arbeitstisch, von Uwe Johnson vorbestellt, ist da, dazu die erste Lampe. Die technischen Einrichtungen (Kühlschrank, Spiegel und Licht im Bad, Türschlösser usw.) sind im Anzug. Kein Telefon. M. findet einen schönen Tisch antik, ferner Gläser und etwas Geschirr. Noch kein Warmwasser. Der erste Stuhl. Jeder Schritt, jede Stimme hallt in den leeren weissen Räumen. Was braucht man. Kein Mangel an Geld, im Gegenteil.

9.2.

Das Bewusstsein, dass ich noch drei oder vier Jahre habe, brauchbare Jahre; aber es wird kein Alltagsbewusstsein, daher immer wieder Erschrecken. Vorallem beim Erwachen. Darüber ist mit niemand zu sprechen.

—

Warten auf Handwerker, ich kann nicht einmal lesen, gehe in der leeren Wohnung auf und ab, Hall der Schritte; Musik aus dem Transistor, dazwischen Sprache der DDR. Ich bin froh.

—

Gestern mit Uwe und Elisabeth Johnson in einem italienischen Restaurant hier in Friedenau. Es stimmt nicht, dass im Alter keine neue Freundschaft mehr entstehe.

—

Einer der vermeintlichen Gründe, warum ich nicht (oder nie lange) in Zürich wohne: weil dort zuviele mich kennen auf der Strasse, in einer Wirtschaft. Kaum eingetroffen in Berlin (Hotel Steinplatz) spricht ein Leser mich an, Beton-Ingenieur, der eben das frühe Tagebuch gelesen hat, alles übrige schon kannte; am andern Tag in der Bank für Handel und Industrie warte ich auf eine Telex-Antwort, aber zuvor kommt ein Herr, entschuldigt sich, dass man mich nicht sofort erkannt habe; kein Telex nötig. Danach ein junger Schlosser; als ich ihm den Namen anzugeben habe, fragt er: Sind Sie denn der Schriftsteller? Zum Lesen komme er ja nicht, sagt er, vielleicht später einmal. Dasselbe in einem Lampengeschäft, wobei [ich] immer den

Namen umgekehrt angebe: Frisch, Max; erst als er das notiert hat, stutzt er: Der Verfasser von Gantenbein? Und in einem Antiquitäten-Laden setzt sich der Mann, ruft seine Frau, um ihr zu sagen: Das ist Max Frisch. Woher er den Namen denn kenne? Hören Sie mal, sagt er, wir lesen Sie. Der Mann kann sich kaum erholen, bedankt sich für meine leibhaftige Gegenwart in seinem überfüllten Laden. Ein Tapezierer fragt: Kommt wieder ein Stück von Ihnen? Als ich nochmals in den Lampen-Laden gehen muss, weil eine der Lampen nicht zu montieren ist, und nach hinten in die Werkstatt trete, um dem Techniker etwas anzugeben, sagt der Verkäufer: Der hat mehr von Ihnen gelesen als ich. Es freut mich zu sehen, wohin die Bücher gehen.

—

Ein Maurer, der wie Barlog spricht, will den Küchenschrank versetzen in der Mittagspause, Nebenverdienst, hat vor drei Tagen angefangen, kommt aber nie ganz dazu, muss sich einen Bohrer ausleihen; dann wieder sehe ich ihn unten mit einer Karre, seine Mittagspause ist vorbei. Er gibt ein heimliches Zeichen, dass er komme, sobald es nur geht. Keine grosse Sache, eine halbe Stunde. Aber morgen, sagt er im Vorbeigehen, morgen schaffe er's bestimmt. Sechs Schrauben mit Dübeln. Der elektrische Bohrer, Eigentum der Firma, wird heute anderswo gebraucht. Sein Zeichen mit der Hand: dass er sein Wort schon halten werde. Inzwischen nennt er mich: Herr Doktor. Heute, plötzlich, dröhnt der elektrische Bohrer in der Küche. Ein weiteres Loch, das dritte, bevor er gerufen wird; der Boss ist im Haus. Oder die Firma braucht die Wasserwaage, ebenfalls Eigentum der Firma. Sind Sie morgen auch hier, Herr Doktor? Später bohrt es wieder, aber im gleichen Augenblick sehe ich ihn unten mit der Karre voller Backsteine; er rennt mit der Karre. Der Malergeselle bohrt für ihn; er kommt nicht dazu. Als ich in die Küche gehe, ist wieder niemand da; es fehlt noch immer das letzte Loch. Er kommt nicht dazu. Er ist immer so gehetzt, Woyzeck als Maurer.

—

[...]

10.2.

Erste Einkäufe auf dem Wochenmarkt, der in Zukunft unser Markt sein soll, Breslauer Platz, eingeführt durch Günter Grass; Fischkunde.

–

75. Geburtstag von Brecht.

–

[...]

11.2.

Sonntag, Einzug in die Wohnung. Morgen soll es auch warmes Wasser geben.

12.2.

Uwe Johnson bringt ein kleines gerahmtes Bild, verpackt,
zum Einstand in der neuen Wohnung. Was mag es sein?
Am 5.10.1972, als ich den Kaufvertrag unterzeichnet hatte,
überreichte er mir eine Mappe, enthaltend: Plan von Friedenau, eine lexikalische Notiz über Sarrazin, dessen Name
diese Strasse trägt, eine kurze Historie über Friedenau, ein
Formular für Postcheck-Konto, ein Formular für Telefon-
Anmeldung. Ob ich die Wohnung, kaum eine Viertel-
stunde lang besichtigt, denn im Gedächtnis habe, fragte
er und nötigte mich, jetzt den Grundriss auf ein Blatt zu
zeichnen. Das geschenkte Bild heute: meine Grundriss-
skizze von damals, gerahmt, Zeichnung mit Filzstift, auf
den ersten Blick wie eine inspirierte Handschrift, die ich
nicht sofort erkenne; Fehler betreffend Vorraum und WC.

—

13.2.

Fernseh-Gerät als einziges Möbel in einem leeren weissen
Zimmer.

—

Dass ich mich meinte für den Lauf der Welt verantwortlich fühlen zu müssen, geht aus der Korrespondenz hervor
(nachgeschickt über die bisherigen Adressen): Einladung
zum Deutschen Evangelischen Kirchentag, Einladung
vom Ungarischen PEN-Klub und ähnliches, Leserbriefe
als sympathisches Echo auf denselben Irrtum.

—

Strassen in Berlin und seine Kneipen, sein Wannsee, seine
Kiefern, sein nordischer Himmel, die eine und andere
U-Bahn-Station; die Patina, die diese Stadt hat, Patina für
mich: Proben im Theater mit Caspar Neher, Hanne Hiob,
Ernst Schröder, Tilla Durieux und vielen andern (die
Kortner-Inszenierung und die Schweikart-Inszenierung
habe ich seinerzeit nicht gesehen) und Ehebrüche.

—

Nachmittags in die Stadt, um Geräte für die Küche ein-
zukaufen; es ist ungefähr das siebente Mal, dass M. und
ich eine Küche einrichten. Zweimal in Rom, Via Margutta;
Berzona; zweimal in Zürich, Lochergut und Birkenweg.
Ferner braucht man Kleiderbügel.

—

Die erste Übung in Ost-Fernsehen. Das hat man bald erlernt, fürchte ich; paradoxerweise erinnert ihre öde Simplifikation an die Nazi-Zeit.

—

Unsere Wohnung liegt in der Flugschneise zu Tempelhof, was ich aber gewusst habe; sie kommen von Westen und starten nach Westen. Dazwischen Stille, Friedenau, viele Rentner. Das schrille Dröhnen ist weniger störend als aufregend.

—

14.2.

Man braucht doch mehr als vermutet, zum Beispiel einen Lamellen-Vorhang wegen Morgensonne auf dem ganzen Arbeitstisch.

—

1959 im Kreisspital Männedorf (Hepatitis) schrieb ich Notizen für mich allein. Gedanken im Morgengrauen auswendig gelernt, also möglichst simple Sätze; zur sofortigen Niederschrift fehlte die körperliche Kraft, dann stundenlange Infusion, die Angst dabei, dass ich die paar wenigen Sätze vergessen könnte, und nach der Infusion die völlige Ermattung; erst um Mittag konnte ich notieren nach dem Gedächtnis, dabei der Schrecken, dass die Augen versagten, trotz Brille musste ich das Blatt ganz nahe vor das gelbe Gesicht nehmen, die paar Sätze noch einigermassen im Kopf, aber schwierig zu schreiben: N wurde M, R geriet als P, sodass jede Zeile mehrmals zu schreiben war. Zum Schluss, bevor der Schlaf wieder unabwendbar wurde, die Erleichterung, als habe man etwas gerettet; nach dem Schlaf holte ich den Zettel aus der Schublade, um zu wissen, was ich im Morgengrauen für Erkenntnis gehalten habe, und musste feststellen, dass nicht nur da und dort der Artikel fehlte, sondern oft auch das Verbum. Trotzdem verwahrte ich die Notizen, wie konfus sie auch sein mochten, nach der Genesung. Wozu? Ein paar Jahre später, in Rom, erklärte mir Ingeborg Bachmann, sie habe übrigens die Notizen aus dem Spital gefunden (ich war überzeugt, die Schublade sei abgeschlossen gewesen) und sie habe sie verbrannt. Sie fühlte sich nicht bloss im Recht, sondern verraten. Das war vormittags im Café Canova,

Piazza del Popolo. Seither haben wir uns nicht mehr gesprochen.

–

Kampf gegen den Alkohol, keine Woche ohne Niederlagen diesbezüglich. Der ärztliche Leberbefund (Januar) ist tadellos; kein Arzt findet heraus, warum mir die Aasgeier auf der Schulter sitzen. Jeder Arzt, ob in Zürich oder in New York, zeigt mein Elektrokardiogramm mit wahrem Entzücken. Betreffend Alkohol: ich besitze nicht einmal mehr den Willen, ehrlich zu sein, nicht einmal mir selbst gegenüber.

–

Mit M. um den Schlachtensee gegangen. Wenn sie fröhlich ist, so scheint mir überhaupt nichts unlösbar.

–

Deformation durch Schriftstellerei als Beruf, Popanz der Öffentlichkeit; als lebe man, um etwas zu sagen. Wem?

Jürgen Gruner, Leiter von VOLK UND WELT, schreibt, wie sehr er sich freuen würde über einen Besuch im Verlag. Die erste Begegnung kürzlich in Zürich. Ohne zu wissen von einer Order, dass sie, wenn sie im Westen reisen, Einladungen in Privat-Wohnungen nicht annehmen sollen, führte ich Herrn Gruner in ein bürgerliches Restaurant (REBLAUBE) zum Gespräch. Der Verlag bringt jetzt HOMO FABER, aber STILLER noch immer nicht; beides in der UdSSR längst veröffentlicht. Kellnerin fragt, ob ein Aperitif; Herr Gruner winkt sofort ab, als beginne eine Art von Bestechung, nimmt aber, da ich mir einen Campari bestelle, doch einen Cognac und Mineralwasser. Er möchte, so sagt er schon mit den Akten in der Hand, meine kostbare Zeit nicht allzulang in Anspruch nehmen, und als ich ihm die Speisekarte aufschlage: Machen Sie doch keine Staatsaffäre! Es ist 19.30, Zeit zum Essen, noch Zeit genug zum Gespräch. Ein Mann mittleren Alters, Parteimitglied, literarisch sehr unterrichtet, wenn auch anders als wir; ich kenne manche Namen, die ihm geläufig sind, überhaupt nicht. Wider Erwarten prüfen sie doch, ob das TAGEBUCH 1966-1971 für die DDR möglich wäre; wenn nicht gerade jetzt, so später. Der Haken: meine Notizen aus der UdSSR. Ein unbefangenes Gespräch, sozusagen unbefangen; einmal sagt er selber: Wir sind so erzogen, immer die Pflicht voran! Trotz der Akten, die Herr Gruner sogleich auf den Tisch gelegt hat, habe ich mir gestattet, eine Flasche zu bestellen, Dôle, bitte nicht zu missverstehen als dreiste Demonstration unseres Wohllebens im Westen. Man ist behutsam mit Fragen, die für den Frager billig wären, und überrascht über jede offene Antwort, über Vertrauen, wenn es sich einstellt. Aber es bleibt eine Spur von Ängstlichkeit, zumindest eine stete Vorsicht, als horche eine Instanz, die sehr empfindlich ist; auch die Kümmernis, provinziell zu sein. Bitte kein Nachtisch; eine Dienstreise ist keine Schlemmerreise. Wir haben ziemlich flink gespeist. Auch für mich kein Nachtisch; aber meine Diät ist andrer Art. Was uns beiden gestattet ist: ein Cognac. Es ist erst 22.00, unser Gespräch eigentlich gut, aber Herr Gruner möchte meine Zeit nicht allzulang in Anspruch nehmen, sagt er, obschon ich nochmals versichere, ich habe für den Abend nichts andres vor. Mein Vorschlag: ein Bummel durch Zürich, vielleicht irgendwo noch ein Bier. Aber Herr Gruner bedankt sich noch einmal, dass ich schon so viele Zeit verschenkt habe. Ich will ihn, weiss Gott, zu nichts verführen und bringe ihn zu dem kleinen Hotel beim Bahnhof, ja, auf Wiedersehen in der DDR, ja, von beiden Seiten herzlich. Sein Brief heute: »mit richtig grosser Freude erfahre ich soeben – «

–

Ich schraube fünf Garderobenhaken an, damit man endlich die Mäntel aufhängen kann, und es ist eigentlich schon schade. Alle andern Wände sind weiss und leer. Braucht man denn wirklich ein Telefon? Eigentlich froh um die langen Lieferfristen. Noch vorgestern sagten wir: Ich gehe jetzt in die Wohnung. Heute sagen wir: Ich gehe jetzt nachhause. Eigentlich wohnen wir schon. Allerlei Pappschachteln benehmen sich wie Möbel; als stünden sie an ihrem Platz. Bestellt ist, was man für notwendig zu halten gewohnt ist: Büchergestell, eine Couch, ein alter Schrank, später kommt ein bequemer Sessel und irgendwann, wenn wir es finden, ein Sofa und so fort und so weiter, ein kleiner Staubsauger ist schon gekommen.

—

Keine Ahnung, wo mein Wagen steht, nirgends zu finden, Landschaft bei Zürich, ich schäme mich zu sagen, dass es ein Jaguar gewesen ist. Ferner: Franz Josef Strauss äusserst liebenswürdig, dann als Schildkröte, und ich habe ihr den kleinen Kopf abgeschlagen, es wird auskommen, Flucht. Unsere Bekannten in Zürich, ihre Miene: Es geschieht ihm recht! Viele Arten einer lächerlichen Verfolgung. Walter Höllerer und jemand, den ich nicht identifizieren kann, der auch nicht länger helfen kann; kein Gericht, jedoch Vorbereitungen zu einer lächerlichen Art von Hinrichtung, wovor wieder nur das Erwachen mich rettet.

—

Anfang der Sechzigerjahre, etwas mehr als vor einem Jahrzehnt, fragte Uwe Johnson, damals sehr jung in seiner Lederjacke, bei einem Bier auf einem nächtlichen Platz in Spoleto (Festspiele) unvermittelt unter vier Augen: Herr Frisch, was machen Sie mit Ihrem Ruhm? Nicht duldend, dass ich die Frage für aufsässigen Spott nahm, blieb er aufsässig: Sie sind berühmt, Herr Frisch, ob Sie das wollen oder nicht. Sein Blick liess auch den Irrtum nicht zu, dass es etwa eine Schmeichelei sei. Die Frage war eine blanke Forderung, ich fand nicht einmal heraus, welche Antwort er dabei erwartete; eine offene Forderung. Ich konnte sie nicht beantworten, weiss nicht, ob seine Stimme oder nur seine Miene sagte: Herr Frisch, darüber müssen Sie nachdenken. Seither sind wir uns über Umwege (er verurteilte, so vermute ich, mein Verhalten gegenüber Ingeborg Bachmann als unverantwortlich) näher gekommen, bleiben aber beim Sie, das, in der allgemeinen Duzerei, sich beinahe wie ein Riff ausnimmt; ich finde es schön, nämlich richtig, eine Herzlichkeit, die nie hemdärmlig wird, sogar Zärtlichkeit, aber sie bleibt fordernd. Vorgestern Gespräch über Brecht: wie er heute dastünde als Fünfundsiebzigjähriger, inwiefern er anders wäre als der Klassiker seines Namens, inwiefern auch anders die Rezeption. Fragen. Uwe Johnson ist mühsamer als die meisten, auch wenn er lustig ist, witzig. Er fordert mich. Das ist eine Auszeichnung, so wie er es macht; er fordert nicht wie so viele Kluge, um sich bestätigt zu sehen, wenn der andere den Forderungen nicht genügt; er fordert mich aus Hoffnung.

—

Berlin ohne eine einzige Zeitung von Rang.

—

Was die geographische Distanz ausmacht. In Zürich schrieb ich noch einen Brief an den freundlichen Professor Karl Schmid (UNBEHAGEN IM KLEINSTAAT) in Bassersdorf; hier und jetzt würde ich zu seinem Buch, das seit zehn Jahren wirkt, nicht anders schreiben, sondern überhaupt nicht.

—

Ich lebe jetzt ohne Vorsatz.

—

Hier kein Kopfweh; schon das spricht für Berlin, die leichtere Luft; anders als in Berzona und in Küsnacht, wo es zwischen Müdigkeit und Müdigkeit nur wenige Stunden sind, die meinen Tag ausmachen. Sagen wir: die Luft.

—

Das Buch, das mir unter den neuen Büchern in letzter Zeit den grössten Eindruck gemacht hat: WUNSCHLOSES UNGLÜCK von Peter Handke. Ein Virtuose, das wusste man sehr früh, aber plötzlich hat er etwas zu melden (so dass ich mich nicht mehr frage, warum ich lese) und auch das sehr früh; Handke ist dreissig.

–

16.2.

Er fordert mich – das stimmte in einem gewissen Sinn auch für Alfred Andersch. Seine Erwartung, dass sich in Berzona eine literarische Nachbarschaft ergebe, wurde bald enttäuscht. Trotz aller Freundlichkeit gegenseitig. Sein Begriff vom Schriftsteller, sein Gestus im Alltag: »qua Schriftsteller«, was zu einer empfindlichen Würde führt, zu einem Ernst, der nicht immer ohne Komik ist; seine Rechtschaffenheit als menschliche Person lag mir näher. Ich schätzte ihn, ich schätze ihn nachwievor. Schon bald, spätestens seit wir im gleichen Dorf wohnten, war ich nicht frei von Angst, ihn zu verletzen, natürlich ohne es zu wollen. Vor einem Jahr ist es denn auch dazu gekommen; nicht wegen eines literarischen Urteils. Als ich EFRAIM im Manuskript gelesen hatte, schrieb ich ihm (um jedes mündliche Ungeschick zu vermeiden) einen langen Lektorats-Bericht, der ihm keineswegs missfiel, aber dem Buch auch nichts nützte. Man redete immer spärlicher über Literatur, dann höflich, d. h. nur wenn dem einen die Produktion des andern gefiel. Seine heftige Geringschätzung etwa von Günter Grass oder Peter Handke konnte ich nicht teilen, auch durch Widerrede nicht abbauen. Dann und wann ging man sich auf die Nerven, was natürlich ist; der simple Fehler: zwei Freunde (so empfanden wir uns, meine ich, zu Recht) sollten nicht Nachbarn in einem Dorf werden. Nachbarschaft täglich nötigt zur Vorsicht, schliesst den Krach aus, der die Freundschaft prüft und weiterbringt; den offenen Krach. In einer grösseren Stadt wären wir wahrscheinlich Freunde geblieben, die sich manchmal für einige Monate nicht treffen; in einem kleinen Dorf, wo man sich nach einer Auseinandersetzung vielleicht übermorgen schon wieder bei der gemeinsamen Garage treffen wird, meidet man, was zur Freundschaft gehören würde, zwecks Erhaltung guter Nachbarschaftlichkeit. Dadurch wird Lüge unumgänglich; schliesslich verargt man es dem andern, dass man selber nicht offen ist; über die eigene Scheissfreundlichkeit gerät man in Zorn, wenn der andere nicht zugegen ist, und es braucht nur noch Alkohol, dass man selber die miesen Witze macht, die man andern, wenn sie solche anbieten, strikt verbietet. Also schlechtes Gewissen. Ob Alfred Andersch dazu Anlass hatte, weiss ich nicht; es geht mich auch nichts an. Unsere Beziehung wurde jedenfalls krampfhaft; nicht durch einen Vorfall, der sie in Frage stellte, aber durch eine zunehmende Aussparung. Er ein Gentleman (ohne Ironie gesagt: qua Schriftsteller) und ich etwas wurschtig oder nervös, dabei banal, jedenfalls völlig unergiebig; auch befangen, da ich Namen, denen seine unversöhnliche Geringschätzung galt, gar nicht mehr erwähnte, also manches nicht berichten konnte. Einmal sagte er von seinem Verleger, was andere immer von ihm sagen: Leider habe er keinen Humor, überhaupt keinen Humor. Dazu meine ausführliche These, warum diese Behauptung immer ein Ausdruck fundamentaler Antipathie sei, weniger Kennzeichnung eines andern als Signal für eine Beziehung, indem die Antipathie des einen, der diese Behauptung ausspricht, eben den Humor des andern gar nicht zulässt. Wie oft ich höre, dass er, Alfred Andersch, ein rechtschaffener Mann sei, aber leider keinen Humor habe, überhaupt keinen Humor, sagte ich nicht. Tatsächlich wusste ich immer weniger und weniger zu sagen; Literaturbetrieb als Verlegenheits-Thema für beide, auch das nicht ohne Minen. Man hätte wissen müssen, dass er die

ZEIT nicht liest, grundsätzlich nicht, nachdem dieses Blatt ihn vernachlässigt und verunglimpft hat; nicht so die NEUE ZÜRCHER ZEITUNG. Schwierig auch der Besuch von Kollegen, die uns beide kannten; in den ersten Jahren legte ich es ihnen nahe, Alfred Andersch zu begrüssen, wenn sie schon in Berzona waren; später dachte ich, jedermann könne besuchen, wen er grad besuchen will, den einen oder den andern. Wer Alfred Andersch besucht, muss er denn auch mich in Kauf nehmen? Das meinte ja keiner von uns; trotzdem ergab sich ein Verlust an Selbstverständlichkeit. Gab es einen Grund dafür, dass Otto F. Walter, sein früherer Verleger, mit dem er sich zerstritten hatte, nicht in unserm Haus nächtigt? Im übrigen achteten wir gegenseitig unsere tägliche Arbeitszeit; kein launischer Überfall zu diesen Stunden, wenn möglich auch kein Anruf. Gisela Andersch kam hin und wieder zum Schwimmen, wie vereinbart; keine Störung, ich versicherte es. Alfred Andersch, so meinte ich, sei kein Spieler; Boccia zum Beispiel. Als ich ihn später, um mich nicht auf mein Vorurteil zu versteifen, wieder einmal zu einer Boccia-Partie aufforderte, sagte er: Ja, aber nicht heute, nein, auch morgen Abend geht es nicht, überhaupt in dieser Woche nicht. Es musste ja nicht sein, es war auch nur eine Laune, kein Vorhaben; mit der Zeit verliert sich allerdings die Laune auch. Dazu die Angst von Marianne, dass wir irgendetwas falsch gemacht haben; kein Zweifel meinerseits, dass ich etwas falsch gemacht habe. Und dann bei der nächsten Begegnung: ein Fred, wohlgesonnen, als hätten wir überhaupt nichts falsch gemacht. Auch stimmt es nicht, dass dieser Mann nicht lachen könne. Ein andermal meldete er sich mit einem Auftrag an; unser gemeinsamer Steuerberater, Dott. Waldo Riva in Lugano, hatte zu sondieren, ob mir ein deutsches Bundesverdienstkreuz genehm sein würde. Eine seltsame Vorstellung für einen Eidgenossen. Auf meine Frage, ob er, Alfred Andersch als deutscher Staatsbürger, so ein Kreuz annehmen würde, schüttelte er energisch den Kopf: Von dieser Regierung keinesfalls! als hätte ich's wissen müssen; es war die Regierung Brandt-Scheel in ihrer ersten Runde. Man kennt die politische Biographie von Alfred Andersch; seit einiger Zeit konnte ich nicht mehr erraten, wo er heute steht oder sich bewegt. Einmal (daran erinnere ich mich) schrieb er an Gustav Heinemann, bevor dieser schon Bundespräsident geworden war, einen persönlichen Brief mit der Mahnung: Der Feind steht rechts. Dass Alfred Andersch sich um das schweizerische Bürgerrecht bewarb, wusste ich nicht; die Erwägungen, die ihn dazu führten, hätten mich wohl interessiert, vielleicht belehrt; vielleicht hätte ich mir eine Warnung erlaubt. Wollte er das Recht auf politische Aktivität im Land, Aktivität in welchem Sinn, und wenn nicht, warum heute eine Hermann-Hesse-Position? Sommer 1972 erfuhr ich von Nachbarn, dass Alfred und Gisela Andersch kürzlich Bürger von Berzona geworden sind; meine Landsleute also. Vorher unser Zerwürfnis. Im Oktober 1971 schickte ich ihm einen Text für mein Tagebuch, der unser Verhältnis darzustellen versuchte, etwa das Problem von Freundschaft-Nachbarschaft, das traurige Einge-ständnis meiner Befangenheit; sicher auch ein befangener Text, eben darum meine Frage an Alfred Andersch, ob er mir von einer Veröffentlichung abrät. Eine naive Frage, zugegeben, naiv in der Hoffnung, dass dieser Text, gerade wenn ich ihn nicht in Druck gebe, unser Verhältnis klärt und die Freundschaft nochmals mobilisiert. Sein Brief, nach New York, bestürzte mich sehr und nachhaltig: be

rechtigt sein Hohn, dass ein Schriftsteller fragt, was er veröffentlichen soll oder nicht; ferner: »Jeder deiner Sätze ist
eine Falschmeldung.« Ich habe die Kopie der Korrespondenz nicht hier, weiss aber, dass ich seine politische Biographie ausschliesslich aus seinem literarischen Werk bezogen habe. Auf meine Mitteilung, dass ich den Text, den
meine Lektoren noch nicht kennen, zurückziehe und
nicht in den Druck gebe, schrieb ich ein zweites Mal, Januar 1972, nach letzter Fahnen-Korrektur: dass unsere
Beziehung, wie ich sie erlebte, in meinem Tagebuch nicht
dargestellt ist, empfinde ich als ein Versagen, Bitte um
Nachsicht für dieses Versagen. Von der PARTISAN
REVIEW eingeladen, eine Anthologie deutschsprachiger
Literatur heute zusammenzustellen, schrieb ich Ende Februar (oder Anfang März?) an Alfred Andersch, mit welchem Text er vertreten sein möchte, und als die Antwort
ausblieb, ein zweites Mal: Kopie des ersten Briefes mit
handschriftlicher Bitte um baldige Antwort. Mitte Juni,
wieder in Berzona, rief ich am zweiten Tag an; Gisela sehr
freundlich wie immer, Fred sei aber in der Arbeit, nicht zu
sprechen, nein, leider auch nicht abends. Eine halbe
Stunde später rief er an, nicht unfreundlich, nur erstaunt,
was denn so dringlich wäre. Er kam (Zeit nach seiner
Wahl) nachmittags um vier Uhr. Nach kurzem Wechsel
von Frage und Bericht, wie es in New York ist, meine
Frage, ob er Briefe von mir grundsätzlich nicht mehr be-
antworte. Alfred Andersch bejaht; nicht eigentlich grim-
mig, nur selbstverständlich: Nach diesem deinem Text.
Wir hatten ihn beide in der Tasche, brauchten ihn aber
nicht; beide kannten ihn so ziemlich auswendig, und überhaupt gab es, so fand Alfred Andersch, nichts mehr dazu
zu sagen. Wie halten wir es nun weiter? Seine Antwort: So

wie jetzt. Wie schon im ersten Brief widersetzte ich mich immerhin der Behauptung, jeder meiner Sätze enthalte eine Falschmeldung. »Politisch der Erfahrenere, literarisch der Belesenere«, so heisst es in dem Text über Alfred Andersch; auch das empfand er als Falschmeldung, nämlich als Ironie oder was weiss ich. Später kam Marianne dazu, unglücklich wie über jedes Zerwürfnis; sie kannte den Text nicht, zu dem es auch nichts mehr zu sagen gab. Man war sehr ruhig, nicht gemütlich, aber besonnen; Fred nahm sogar einen kleinen Whisky, wie immer einen kleinen, während ich über mein Tagebuch, das inzwischen erschienen war und somit auch an Alfred Andersch geschickt, trotzdem noch etwas sagen wollte: wievieles ich habe eliminieren müssen, weil es nicht genügte, so wenig wie der Text zu unsrer Beziehung, und wie das Ganze dadurch schief geworden ist. Meine Sorge, ja. Er hörte schon zu, antwortete auch auf die Frage, woran er zurzeit arbeite; ein Roman. Um fünf Uhr, genau, musste er sich erheben, indem er auf die Uhr blickte; die Arbeit erwartete ihn, und ich begleitete ihn zur Tür. Seither haben wir uns nicht mehr gesprochen.

—

Berlin: Gefühl von Vakuum, die weiten Strassen, es ist angenehm mit dem Wagen zu fahren; steigt man aus, um zufuss zu gehen, so hat man überall das Gefühl, hier findet Berlin nicht statt. Trotz ihrer Breite sind es lauter Nebenstrassen, die nicht einmal in ein Zentrum führen, allenfalls in Bezirke mit grösserem Schick; Banken und Restaurants (international) machen kein Zentrum. Akademie der Künste und andere Wiederbelebungsversuche, es wird etwas unternommen, alles etwas vorsätzlich gegen das Verschwinden aus der Geschichte.

Ohne Vorsatz leben (was allerdings eine privilegierte Lage voraussetzt, ein Schlösschen, wie Herr de Montaigne es hatte, oder ein Checkbuch): es ist nicht ohne weiteres zu lernen. Eben das Bewusstsein, dass man in eine privilegierte Lage geraten ist, nötigt zu Vorsätzen. Eine lange Zeit meines Lebens, als ich nicht hungerte, aber ziemlich mittellos war, etwa so mittellos wie die grosse Mehrheit, interessierte mich die Gesellschaft überhaupt nicht, die Politik, die Utopie; mein soziales Engagement begann schleichend wie mein Wohlstand, der (das glaube ich mir wirklich) nie mein Ziel war, aber als fait-accompli mehr und mehr zu Vorsätzen nötigte, die den Sonder-Wohlstand nicht heiligen, aber als Mittel zum Zweck rechtfertigen. Das heisst nicht ohne weiteres, dass ich mir (und Leuten meiner Art) den Sozialisten nicht glaube. Im Gegenteil; aber auch das nicht ironisch gemeint: das gesellschaftliche Gewissen ist ein Luxus. Muss man sich diesen Luxus leisten? Der Vorsatz, etwas beizutragen zur Verbesserung dieser Gesellschaft, entspringt dem Bedürfnis nach Anstand – ich weiss nicht, was ich habe sagen wollen Ohne Vorsatz leben …

—

Lektüre: Christa Wolf LESEN UND SCHREIBEN, ich hoffe sie demnächst zu treffen (»drüben«).

Im Januar, bei der Bestattung unsrer Schwester Emmy, Verwunderung über die Geschichte der eignen Familie, verbunden mit den Geschichten andrer Familien; der Tisch der Hinterbliebenen, viele Alte, aber auch Junge. Plötzlich erinnerte ich mich kettenweise an Verdrängtes, aber an keinen Grund, warum man es verdrängt hat.

—

Ich habe schon öfter geträumt, dass der JAGUAR (An-schaffungspreis: 31.000 Franken) gestohlen worden ist, noch nie geträumt, dass etwa die Schreibmaschine gestohlen worden ist. Dabei wäre ich ohne Schreibmaschine in einer wirklichen Verlegenheit.

—

Seit ich die Notizen, die anfallen, in ein Ringheft einlege, merke ich schon meine Scham; ein Zeichen, dass ich beim Schreiben schon an den öffentlichen Leser denke, gleichviel wann es dazu kommen könnte. Und mit der Scham gleichzeitig auch die Rücksicht auf andere, die auch tückisch sein kann, verhohlen, vorallem doch wieder ein Selbstschutz; ich schreibe nicht: Paul ist ein Arschloch. Punkt. Damit wäre ich ja ungerecht.

—

Die Rechnung andersherum. Eine Frau von 38 hat noch die volle Möglichkeit mit einem zweiten Partner. Das wäre in vier Jahren. Keine Ahnung, ob M. auch diese Rechnung anstellt; sie auch nur ein einziges Mal auszusprechen wäre lächerlich. Dabei liegt sie zwischen uns auf dem Küchentisch, während wir geniessen.

—

Ich weiss jetzt, dass ich nicht schreibe, weil ich andern irgendetwas zu sagen habe. Meistens weckt mich der Fluglärm um sieben Uhr, spätestens um acht Uhr stehe ich zur Verfügung, gewaschen, gekleidet, ausgestattet mit der ersten Pfeife. Ich schreibe, um zu arbeiten. Ich arbeite, um zuhause zu sein.

–

[...]

18.2.

Besichtigung des Märkischen Viertels: ungefähr die Neue
Stadt, die unsere Broschüre damals, 1955, für die Schweiz
vorgeschlagen hat.

–

Neulich am Breslauer Platz knallt es auf dem Boden, ein
Brocken von einem alten Gesimse ist heruntergefallen;
drei Meter neben mir. Ein Unfall, ohne Beschädigung
andrer, ein natürlicher und nicht herausgeforderter Unfall
wäre das beste.

–

Leute, in deren Gegenwart einem doch etwas einfällt, zumindest die Lust kommt, Sätze zu bilden, Sätze, die nicht vorrätig sind, die einen selber noch überraschen – und die andern Leute, in deren Gegenwart ich mir selber nicht zuhöre, vielleicht umso mehr rede, weil ich mich langweile: ich mich selbst. Die einen und die andern sind weder die Gescheiteren noch die Dümmeren, es hat auch wenig mit dem Grad ihrer Freundlichkeit zu tun. Womit also? Dann wieder sitze ich wie ein Sack voll Zement. Es liegt nicht am Thema oder kaum (welcher Lektor jetzt zu welchem Verlag wechselt, das ödet mich allerdings an) und überhaupt nicht daran, ob ich Mittelpunkt bin oder nicht. Das Vergnügen, einen Satz oder mehrere Sätze mündlich zu entfalten, auszupacken als Überraschung für mich selbst; nachher bin ich den andern dankbar dafür. Meistens sind es Leute, die man nicht allzu oft trifft. Frage des Kredits. Beobachtung an Paaren: wenn der eine Partner in Gesellschaft den andern hört und sichtlich irritiert ist, dass dem Partner mehr einfällt (nicht nur stofflich, sondern sprachlich) als zuhause. Alkohol hilft nur in der allerersten Phase. Wieweit kann man, wenn man sich selber nicht zuhört, weil man nur Vorrätiges redet, den andern zuhören? Und wenn dann alle nur noch Vorrätiges reden (was brillant sein mag, aber nicht aus dem Augenblick entsteht) –

–

20.2.

Erledigungen, Erledigungen als kurzfristige Erledigung
der Wozu-Frage. Und Brieftag; wenn ich die akute Verzweiflung nur so weit überspiele, dass sie gerade noch er-
kennbar sein mag, so empfinde ich es immer als eine Auszeichnung des Adressaten, aber die andern Briefe, Marke
Strammer Max, befreien mich mehr.

–

[...]

–

»Ich will gar nichts mehr, ich will anfangen zu spielen.«
Günter Eich am 16.12.1972 auf dem Sterbebett.

Diskussion im DDR-Fernsehen über die wissenschaft-
liche Gültigkeit des Kommunistischen Manifestes; nur
ist es keine Diskussion, nicht einmal eine manipulierte,
sondern ein gelassenes Wetteifern im Einverständnis, ein
Musterschüler-Treffen. Jeder spricht aus, was der andere
auch ausgesprochen hätte, eingespurt durch Scheinfragen;
Wiederholung der Doktrin mit verteilten Rollen bei to-
taler Abwesenheit jedes produktiven Zweifels. Und was
sie unter Kritik verstehen: Kritik am Gegner, Kritik am
Gegner, Kritik am Gegner, und selbst wenn man mit dieser Kritik einverstanden ist aus Erfahrung, wird es schau-
erlich, Litanei, Litanei der verbalen Selbstbestätigung, ein
Denken, das sich nur die Fragen aussucht, die ihre vorge-
fasste Antwort zulassen, und Fakten gibt es nur, soweit
sie die Richtigkeit des Dogmas belegen, nein, man muss
überhaupt nichts lernen. Dafür besteht hier auch nicht die
Versuchung, Politik als intellektuelles Entertainment zu
betreiben.

–

[...]

Lektüre: BERTOLT BRECHT ARBEITSJOURNAL 1938-1955. Arbeit: KABUSCH, als Dialog über ein Phänomen, wobei der Dialog mit Kabusch einseitig ist, Kabusch ausgespart; sein Fall, dazu Geschichten von andern; das Ich verwandelt sich unmerklich in Kabusch, erkennt sich selber als Kabusch. Ausstellung: Oskar Schlemmer.

1.3.

Gestern Besuch in Ost-Berlin, Verlag Volk und Welt; vorher kurzer Bummel Unter den Linden. Kalt. Und das prompte Gefühl, in der Fremde zu sein; dabei West-Berlin in Sichtweite. Gespräch mit Gruner, Leiter des Verlags, und Links, Lektor, den ich aus Korrespondenzen kenne, beide auf eine überraschende Weise selbstverständlich und herzlich. Es freut sie sichtlich, dass man zu ihnen kommt. Viele Bücher des Verlages mitgenommen. Kurze Rundfahrt durch die Stadt, dann Abendessen hochoben im Hotel Stadt Berlin, was mit dem berüchtigten West-Komfort wetteifert. Gespräch über Literatur, ihre Funktion, Wandel in der Forderung an die Literatur; nicht Rezept-Literatur, sondern Literatur, die durch Fragen bewegt und offen lässt. Über die eigene Situation sprechen sie kritisch, nicht subversiv; nicht propagandistisch, nicht nötigend. Es bleibt schon der Kummer, provinziell zu sein, ausgeschlossen. Kein allzu langer, aber ein froher Abend. Was sie alles für einen tun wollen; Fahrt nach Leipzig, Unterkunft dort. Sie bringen uns an die Grenze, Friedrichstrasse; wir alle winken. Grenze wie zur Zeit kaum eine andere.

3.3.

Es geht uns gut miteinander. M. findet: besser als je zuvor. Solche Euphorien sind möglich.

–

Ungefähr seit einem Monat hier, bisher kein privater Brief aus der Schweiz, ausgenommen ein Brief von Federspiel, der wegen des geliehenen Morris etwas wissen will, ich habe auch noch niemand geschrieben, vermisse nichts, ausgenommen bestimmte Bücher, die aber mit dem Ort, Berzona oder Küsnacht, nichts zu tun haben. Die Heimat beschäftigt mich nicht, weder als Objekt der Kritik noch als Objekt privater Erinnerung. Auch erfährt man hier überhaupt nichts.

–

Manuskript REGEN nicht wiederzulesen.

–

Nachbarliches Verhältnis noch ohne Bräuche. Es ergibt sich. Wir sind noch ohne Telefon, man besucht einander von Haus zu Haus. Die Zuwandrer haben eine gewisse Funktion, solange sie die Fronten (ich kenne sie wohl) hin und her überschreiten, dabei keinen Klatsch ansetzen lassen. Nun bin ich ja auch der Älteste überall.

–

5.3.

Seit der Lektüre des ARBEITSJOURNALS von Brecht (in vielen Punkten sehr dubios) sind wieder die Massstäbe da, ebenso erhellend wie lähmend, Massstäbe für eine schriftstellerische Existenz, und ich kenne persönlich nur zwei, die, ihrer Anlage nach (was mehr meint als Talent), solchen Massstäben entsprechen können: Dürrenmatt und Johnson. Dabei geht es nicht in erster Linie ums Gelingen, auch nicht um die Wirkung einzelner Werke zu ihrer Zeit. Der Grundriss einer Produktion, sein Format; ein Format des Anspruchs, der über den persönlichen Anspruch (z. B. Anspruch auf Ruhm) hinaus reicht. Und das lässt sich nicht imitieren durch Allüre. Die Emigration sowohl als Herausforderung wie als Test.

13.-15. in Leipzig. Gast des Verlages VOLK UND WELT (Gruner, Links). Zweieinhalb Tage lang auf Händen getragen durch die Buchmesse, zwei allgemeine Empfänge. Wo bleiben die Autoren? Gewisse West-Bücher (darunter TAGEBUCH) schon in den ersten Stunden von den Messe-Ständen geklaut; später in der Koje des Verlages VUW von Angestellten gebeten, eigne Bücher zu signieren, West-Ausgaben, die sie privat besitzen. Woher? Bücher noch immer Schmuggelware, ihr Hunger nach Literatur, die hier nicht zur Veröffentlichung kommt. Aus beiläufigen Gesprächen doch allerlei Informationen; Vorsicht mit Schlussfolgerungen meinerseits. Wir, im Status des Privilegierten, fühlen uns wohl und das Volk auf den Strassen sympathisch. Auf Plakaten: INTERNATIONAL ANERKANNT, AUF ALLEN MÄRKTEN DER WELT usw., Reflex einer Klaustrophobie? Insofern nicht provinziell: vielen ist der Provinzialismus immerhin bewusst; der Mangel an direkten Vergleichsmöglichkeiten mit dem verfemten Westen hat keinen Hochmut erzeugt, auch nicht ohne weiteres Selbstbewusstheit, eher Minderwertigkeitsangst. Fast überhaupt nicht gehört: die aggressive Polemik gegen aussen; sie haben es satt, scheint es, Kritik nur als Kritik am andern. Wenig Verlangen nach politischer Diskussion (mit einem Ausländer); sie rechnen damit, dass man die Propaganda-Texte kennt, und es ist oft, als genieren sie sich persönlich dafür. Ich habe dann Scheu, Fragen zu stellen, die den einzelnen in Verlegenheit bringen; immer eine Vertrauenssache. Der berühmte Papiermangel, die nationalwirtschaftliche Erklärung dafür, der Zensur ist das willkommen: sie muss nicht immer heraus mit der Sprache, es genügt, dass man auf den Papiermangel verweist. Einmal die Frage an G., warum Günter Grass eine

Unperson ist. Es ist wohl am meisten sein Brecht-Stück, seine 17. Juni-Version, dann die frühere Pornographie als willkommenes Moral-Argument; er repräsentiert BRD [mehr] als irgendein andrer.

Theater: eine Komödie von Bulgakow, in ihrer Anlage sehr frech und frei, leider Schmieren-Darstellung, es wäre ein poetischer Schwank in der jungen Sowjet-Gesellschaft (geschrieben 1930), nicht »konterrevolutionär«, befreiend durch Fantasie, die eben nicht an Planung zu binden ist, Iwan der Schreckliche in einer Sowjet-Siedlung.

Kabarett: wie direkt und unverblümt die Kritik an DDR-Zuständen sich kundgibt, hat mich völlig überrascht. Zensur ist die Voraussetzung für gutes Kabarett. Ziele des Spottes: Waren-Qualität, Tamtam um die Weltjugendfest-spiele, die Fernseh-Phrasen, ein Bruder-Besuch aus dem reichen Westen, ein Kollektiv, das einen kollektiven Einfall haben soll und entdeckt, dass Einfälle immer nur ein ein-zelner hat. Das Publikum lacht nicht nur mit, es lacht be-troffen; Ventil-Effekt schon durch die offene Erwähnung alltäglicher Erfahrungen der Bürger eines Staates, der sie durch Eigenlob in Spruchbändern zu entmündigen ver-sucht. Übrigens haben diese Spruchbänder in den Städten abgenommen.

Undurchschaubar bleibt mir ihr Verhältnis zur UdSSR. Er-zähle ich einmal von Moskau oder Gorki, so erweckt das wenig Neugierde; keine Fragen. Man scheint froh zu sein, wenn ich positiv oder harmlos berichte; dann müssen sie den Grossen Bruder nicht verteidigen. Von sich aus er-wähnen sie ihn kaum je.

Zum Schluss auch Besuch der Industrie-Messe. Maschinenbau, Schiffsbau, Technik jeder Art; hier der blanke Fortschritt.

Sie haben herausgefunden, dass M. Geburtstag hat, und bringen gelbe Rosen. Überhaupt viel Liebenswürdigkeit. Auch unter einander eine grössere Hilfsbereitschaft, so scheint es mir, und nicht aus Doktrin, nicht der Staats-Maxime zuliebe. Man geht hier mit einem Gefühl, Unbekannte würden einem helfen. Viele graue Mienen; es geht nicht schlecht, aber ohne besondere Hoffnungen. Auch viel Biederkeit.

Kurzes Gespräch mit einem jungen Theologen, der mich erkannt hat; er besitzt ein einziges Buch von mir, anderes hat er bei Freunden zu lesen bekommen. Wann ich einmal wiederkomme? Sie möchten ein Gespräch. Eine Jugend, die vor allen Dingen weiss, sie kommt nicht heraus. Keine Hoffnung diesbezüglich, auch wenn einer, wie dieser junge Theologe, zurückkehren will; denn seine Aufgabe sicht er hier. Es steht in keinem Verhältnis, was dieser Partei-Staat sich nützt und was er sich schadet durch diese Reise-Sperre; sie höhlt das Selbstvertrauen aus.

In der Buch-Messe zufällig getroffen: Jurek Becker, Franz Fuhmann. Und überraschend steht er da, ohne etwas zu sagen, lächelnd, als würde man sich kennen: Wolf Biermann? Er ist kleiner als erwartet, sehr graziös. Krank? Meine Begleiter sofort etwas vereist; kein Wort zwischen ihnen und Biermann. Wir machen sofort etwas ab. Später in einer Weinstube; Biermann berichtet von einer aktuellen Schwierigkeit mit seinem Freund H., vorher von einer alten Spanienkämpferin, die ihn, um ihn in den Genuss ihrer Rente zu versetzen, heiraten würde. Dann setzt sich ein Unbekannter an den Tisch, irgendein Gast. Biermann redet unaufdringlich, sehr präsent und sensibel; dazwischen seine Kauz-Mienen; ein völlig unverschüchterbarer Mann, im Staat kaltgestellt, wie man weiss, und der erste Freie seit Tagen, der erste Kommunist.

—

Nachrichten vom Suhrkamp-Verlag über meine ziemlich horrenden Auflagen. Was (ausser Geld) ergibt sich daraus? Es handelt sich um alte Titel, sowohl Prosa wie einzelne Stücke. Bestätigung? Und was bestätigt es? Und wenn das Gegenteil stattfände: wäre ich dann den eignen Produkten gegenüber vielleicht weniger unsicher? Wenn das Exemplar einer neuen Auflage eintrifft, 100. Tausend oder 500. Tausend, pflege ich es M. nicht zu erwähnen. Was sollte sie daran überzeugen? Halbwegs vergesse ich es, weiss aber doch: hohe Auflagen, wie ich sie nie erwartet habe. Lotterie-Gewinne? Das ist Koketterie, unausgesprochen, ein Kniff der Hilflosigkeit; weder Freude noch ein Schrecken mit Konsequenzen. Ich hätte jetzt (was ich früher nicht hatte) Angst vor einem grossen vollen Saal; aber dass ich Auftritte solcher Art schon seit einiger Zeit unterlasse, ändert nichts am Tatbestand, nimmt mir nicht einmal das Bewusstsein dieses Tatbestandes, dass Produkte, die mich heute wenig und zum Teil überhaupt nicht überzeugen, von vielen gelesen werden noch immer. Vielleicht gibt das doch einen gewissen Halt, nur eben keinen Glanz; dazu müsste man mit seinen Arbeiten selber glücklich sein. Ein Erfolgsschriftsteller also, nicht einmal ein Hochstapler, nur eben am Pranger der Öffentlichkeit; dieser Pranger als Halt. Ein komisches Befinden, eine Pein und zugleich ist man verwöhnt, sehr verwöhnt, nicht nur im wirtschaftlichen Sinn; zum Beispiel kann man so bescheiden sein, ohne zu heucheln. Das stete Bewusstsein, dass man unterschätzt worden ist, könnte produktiver sein. Früher war ich stolzer; der Erfolg, im Gegensatz zum Ruhm und zum Verkanntsein, ist genau das, was den Stolz nimmt. Und das wittern sie eben, kein Wunder.

Schwätzer sind aus dem gleichen Stoff gemacht, aber
H. M. Enzensberger hat dabei eine so ungewöhnliche
Intelligenz, dass man ihn nicht als Schwätzer bezeichnen
kann; anderseits reicht Intelligenz allein nicht aus, um eine
Person glaubwürdig zu machen. Wie ich ihn in Erinnerung habe, ist er sehr angenehm, im Gegensatz zu andern,
die Glaubwürdigkeit beanspruchen können. Zurzeit ist er
in Japan, wie ich der Zeitung entnommen habe; er habe,
so sagte er in Japan, kein individuelles Problem, nur Probleme seiner Klasse. Welcher Klasse?

–

Freundesbriefe aus der Schweiz, bisher zwei; herzlich, und was sonst sollen sie mitteilen. Die Wirkung ist merkwürdig; beide Briefe, jeder in seiner Art, kommen mir zu leicht vor, Kapriolen mit literarischer Qualität, ohne dass diese angestrebt wird. Schreibe ich auch so? Wahrscheinlich schon. Hello! Nur über Grenzen mit Zensur, so scheint es, fällt uns vieles ein, was zu sagen wäre.

—

Gelegentlich wundere ich mich, dass ich 62 werde. Kein körperliches Gefühl davon, dass es in wenigen Jahren zu Ende ist. Wie bei einem Blick auf die Uhr: So spät ist es schon?

—

Es gelingt mir fast gar nichts. Täglich sechs bis acht Stunden schreibend, ein hohes Vergnügen dabei. Meistens brauche ich es nicht einmal wiederzulesen, um zu wissen, dass alles unbrauchbar ist. Kein besondrer Schrecken deswegen; es war damit zu rechnen, ich weiss es nachgerade. Übrigens kein konfuses Gestammel; es ist nur flach, sehr flach. Wenn ich gelegentlich nachsehe, was ich früher habe drucken lassen und was gelesen wird: nicht weniger flach, aber viel brauchbarer. Wenn ich, um mein Urteilsvermögen zu testen, bei andern Gedruckten nachsehe, eine Seite eines Buches aufschlage, ohne vorher nach dem Titel zu schielen, so empfinde ich die Gradunterschiede schärfer als früher. Ich bin nie ein Bewundrer von Thomas Mann gewesen, ein Gegner auch nicht, habe auch nur das eine und andere gelesen und brachte es über Respekt nie hinaus; heute verdutzt mich sein Werk, wo ich es auf schlage, nur um Sätze zu lesen: ob man sie, wenn man sie selber niedergeschrieben hätte, als brauchbar befinden würde. Und es ist sehr flach. Was sich dabei als Ironie gibt, ist ohne Dimension, eigentlich nur affig, eine Manier von der schlimmen Art; er scheint zu wissen, dass er ziemlich flach ist, und meint sich durch Ironie retten zu können, sich selbst. Dagegen andere Texte. Es ist nicht so, dass ich dann, um mich zu beruhigen, alles unbrauchbar finde; das beruhigt mich. Ich würde es schon merken, wenn ein paar Seiten, die ich geschrieben habe, brauchbar wären. Brauchbar für mich; nicht bloss verwertbar in einem Buch.

—

Hat man schon zwei Hunde gesehen, die sich treffen, um sich über einen dritten Hund zu unterhalten, weil sie sich nicht für einander interessieren?

–

17.3.

Betreffend Wohnen. Wieviel bestimmen die Möbel, ihre
Stellung zu einander, ihre Erscheinung, ihre Brauchbar-
keit. Dass sie bezahlt sind, macht auch etwas aus; eine
Art von Erpressung, dass man sie benutzt, und schliesslich habe ich sie ja aus einem Bedürfnis erworben, z. B.
aus dem Bedürfnis, nicht allzu unbequem mit zwei bis
drei Zeitgenossen zu sitzen. Einer fragt: Welches ist Ihr
Sessel? So eingewohnt sieht er uns schon. Und tatsächlich: schon sind Gewohnheiten eingezogen. Die Wege
des geringsten Widerstandes sind unversehens gefunden.
Gestern eine neue Lampe, eine alte, Jugendstil, billig erworben; sie hängt. Und sie wird bleiben. Ein Schrank, vor
zwei Wochen von den Möbelträgern abgestellt nach den
vagen Winken meiner Hand, ist so leicht nicht mehr weg-
zuwinken; er hat angefangen (und das finden auch Besucher, die sich noch umsehen) genau das rechte Stück am
rechten Platz zu sein; ich bin ihm dankbar. Bald wird uns
die Einrichtung überhaupt nicht mehr beschäftigen. Auch
räumliche Verfügungen, die sich sofort als unpraktisch
erweisen, werden sakrosankt, während und obschon man
noch Veränderung erwägt, dank meiner Bequemlichkeit,
die sich darin ausdrückt, dass ich mich an das Unbequeme
gewöhne. Wir haben angefangen zu wohnen, wir sind
schon gewohnt.

—

Pro memoria; ein französischer Edelmann, der auf dem Weg zum Schafott noch um ein Papier bittet, um sich etwas zu notieren, und es wird ihm gewährt, man könnte die Notiz ja vernichten, wenn sie sich an irgendjemand richtet, aber das ist nicht der Fall; es war ganz und gar eine Notiz für ihn selbst, pro memoria.

—

18.3.

Uwe Johnson (mit Elisabeth und Katharina) zeigt uns
die Enklave Steinstücken. Früher von West-Berlin ganz
abgeschnitten, jetzt verbunden durch einen Korridor:
Strasse mit doppelter Fahrbreite, mit einem Fussgänger-
steig, dann beidseitig zwei Meter breit Rasen, der Stell-
stein ist die Grenze zwischen Ost und West; nach dem
Rasen etwa 10 Meter breit Sand, pflanzenlos, schon DDR-
Gebiet, dann die Mauer. Konstruktion: Betonpfosten,
dazwischen horizontale Platten aus Fertig-Beton, schät-
zungsweise 2,4 Meter hoch, oben ein Betonrohr (wie
Drainage-Rohre), dessen Rundung dem Flüchtling keinen
Griff bietet. Es muss sehr schwierig sein, dieses Hindernis
zu überklettern, selbst unbeobachtet und unbeschossen;
Sportler haben es durch Versuche erprobt. Und jenseits
der Mauer: 15 bis 20 Meter gerechter Sand, damit jeder
Fusstritt zu sehen ist, in kurzen Abständen die Bogenlampen, damit die Nacht keine Flucht erleichtert, die
Wachttürme, mindestens einen sieht man immer. Kom-
plikationen baulicher Art: ein Bahngeleise durchquert
die Enklave, daher zusätzliche Gehege von Stacheldraht.
Sonntag, wir hatten einen grösseren Spaziergang vor, aber
es ist grau, Nieselregen. Frühstück in der Stolper-Stube.
Wir bleiben beim Sie, es erlaubt und sichert eine besondere Art von Zuneigung, Vertrauen ohne Zutraulich-
keiten.

—

Zürich als geteilte Stadt beschreiben.

—

Die Langeweile zu leben. Weil durch »leben« kaum eine neue Erfahrung aufkommt. Wenn es zu Erfahrungen kommt, so nur noch durch Schreiben.

19.3.

Als ob, ohne mein Zutun, sich eine andere Optik eingestellt hätte, eine andere Tiefenschärfe: es fallen mir immer
wieder Situationen ein, privat-historische, wobei ich mich
ziemlich absurd verhalten habe (nicht wie es zu mir passt!
nach meiner Meinung) oder brutal oder kindisch. So viele
Ritte über den Bodensee!

—

22.3.

Langsamer Frühling, ich zeige M. die Krumme Lanke,
Gelände geheimer Erinnerung, so historisch wie die Luftbrücke damals.

—

Ohne Arbeitsplan.

—

Ein Mann kommt in ein Gerichtsverfahren, seines Wissens völlig unschuldig. Aufmarsch der Zeugen, die, so meinen sie offenbar, zu seinen Gunsten aussagen; Details, an die er sich nicht erinnert hätte. Was er, von Ankläger oder Verteidiger befragt, selber vorbringt, tönt ungünstiger. Auch Briefe, die im Saal verlesen werden, erschrecken ihn; dann sitzt er mit gesenktem Kopf, wenigstens die Augen geschlossen, wenn man schon die Ohren nicht schliessen kann. Sein Verteidiger strahlt als Jurist; kein Anlass zur Melancholie, versichert er dem Angeklagten. Von Zeuge zu Zeuge verstärkt sich das Alibi; die Geschworenen sind schon ziemlich sicher; der Staatsanwalt kann es ihm nicht ersparen, dass seine Person beleuchtet wird, und fragt denn auch immer, ob er, der Angeklagte, den Zeugen in irgendeinem Punkt widersprechen möchte. Das scheint nicht der Fall zu sein. Es stimmt schon, was der Hauswart sagt, die Sekretärin, der Freund von damals, die Schwester, der Mann von der Garage, der Nachbar von oben und der Nachbar von unten, der Briefträger, ein alter Kellner, die geschiedene Frau, der Sohn, und dass der Mann in der Anklageschranke plötzlich schreit, plötzlich mit beiden Fäusten auf die Schranke trommelt, ist unverständlich. Nervenzusammenbruch bei erwiesener Unschuld. Er schreit: Aufhören, aufhören! Es sind aber noch weitere Zeugen da; jeder berichtet in seiner Art, was er zur Person des Unschuldigen weiss. Auch Fotos, die ihn entlasten, werden im Saal herumgereicht. Das einzige Indiz, das noch besteht, ist sein Nervenzusammenbruch oder wie man das nennen will. Benimmt ein Unschuldiger sich so? Aber die Geschworenen lassen sich nicht verwirren, es kommt zum erwarteten Freispruch, den er nicht zu hören scheint. Der Mann bleibt sitzen. Er mag nicht mehr leben. Er kann nur den Kopf schütteln. Der Mann ist sich selbst so unsympathisch geworden, grenzenlos unsympathisch.

Die Hormone und die Sprache! Tatsächlich wird jeder Satz unsinnlich. Die Vorstellung, beim Schreiben, ist nicht so unsinnlich; ich sehe doch Farbe, Linie, Körperlichkeit. Rieche ich schwächer? Oft meine ich sogar, die Eindrücke seien genauer. Lese ich, was ich früher geschrieben habe, stört mich oft, wie vage etwas beschrieben ist; Adjektive aufs Geratewohl, ganz zu schweigen von der Metaphorik. Bin ich heute, wenn ich etwas wahrnehme oder mich einer momentanen Einbildung uberlasse, weniger beruhrt? Wie im Geschlechtlichen. Die Sprache, die ich schreibe, hat zu wenig Körper; die Wörter sind vielleicht genauer, der Satzbau zutreffender, aber alles zusammen bekommt keinen Körper und keinen Geruch, nicht einmal Schatten; wie ein Steckbrief auf Gegenständliches, aber ungegenständlich. Es fehlt nicht an Rhythmus, aber es ist ein Rhythmus der Nicht-Spontaneität. Bin ich, infolge meines Alters, so unspontan? Offenbar ja, zumindest am Schreibtisch, wo ich mich am wohlsten fühle, wo ich es nicht merke; ich merke es erst, wenn ich es nachlese. Und oft genug lese ich es gar nicht nach; ich weiss schon: diese Unsinnlichkeit meiner Sprache jetzt. Wie ausgelöscht, die selben Wörter, aber ohne Hall, wenn man sie liest; Chiffren, aber eben nicht das Ding selbst.

27.3.

Günter, zurück von seinem Haus in Schleswig-Holstein, wo er, wie er sagt, gezeichnet hat; die Entwicklung unsrer Beziehung: er zeigt sich bedürftig, wird offen-herzlich, es zeigt sich in Kleinigkeiten, z. B. indem er etwas Ermunterndes über das körperliche Aussehen des andern sagt. Das Porträt im TAGEBUCH, 1971, ist völlig überholt. Er gibt dem andern seine Möglichkeit, präsent zu werden, und nimmt ihn nicht lediglich als Publikum; das befreit die Zuneigung. Schade, dass er in den nächsten Tagen ins Tessin fährt. Kommt doch ins Tessin, sagt er wie einer, der wenige Freunde hat.

—

Ohne Zeitgefühl, ein Jahr ist nichts, aber eigentlich kein Gefühl für das Vergehen; es kann ein Tag oder ein Jahr sein, zum Beispiel das gleiche März-Licht am Hudson, und es sind zwei Jahre her, drei Jahre. So viel Zeit hat ein Mensch ja gar nicht. Die Luft auf der Haut, dieser Morgen in Rom als Gegenwart; das aber sind dreizehn Jahre her. Nicht Erinnerung, sondern die Gegenwart; ein Geruch ist da oder er ist nicht da, aber er kann plötzlich wieder da sein; keine Zeit. Was zur Datierung zwingt: ich bin nicht allein auf der Welt und will mich verständigen. Dann ertappe ich mich oft auf falschen Datierungen; ich muss sie ausrechnen mit dem Verstand. Wozu?

—

Memoiren geschrieben, ein kurzes Stück nicht zum Veröffentlichen; meine Beziehung zu W., Werner Coninx, die Geschichte einer fatalen Freundschaft.

—

Ironie als das billige Mittel, einen Menschen zu reduzieren auf unser eigenes Verständnis.

—

Die merkwürdige Bereitschaft, noch einmal zu leben, wenn das zu haben wäre.

—

Heute in Manhattan, ich brauche nicht einmal die Augen zu schliessen, zum Beispiel im Washington Square. Vormittag; das Wetter wie heute und hier. Natürlich sehe ich: Bundesallee, alles ganz anders, einmal abgesehen von dem ersten Grün an den Zweigen, und die Flugzeuge kommen hier niedriger, ich bin noch etwas älter als im Washington Square, wo ich schon älter bin als im Washington Square vor zweiundzwanzig Jahren, von heute aus gerechnet. Es liegt nur an den andern: sie sind nicht hier, wo ich bin, und andere sind da, denen ich jetzt näher stehe. Das gibt den Ausschlag; sonst könnte es März in Prag sein, die Luft und das Licht wie heute und hier, aber das wäre genau vor vierzig Jahren, und da ist M., die mir ihren Arm gibt, noch nicht auf der Welt. Von Prag fahre ich nach Belgrad, nach Istanbul, nach Athen, nach Korfu, wo ich auf Sperrholz male; der Geruch von Terpentin genügt noch immer, dass ich in Korfu bin. Mexico ist schöner, aber das weiss ich nur. Ferner weiss ich, dass ich heute nicht in Zürich bin, sondern unterwegs zu Uwe Johnson, Stierstrasse 3, Friedenau, West-Berlin, gegen Abend.

—

Mit 19 schrieb ich ein Tagebuch, das ich später vernichtet habe mit allem andern; Erinnerung an einen einzigen Satz: Alles was ich schreibe (denke), schwimmt wie ein Kork obenauf.

—

Ohne Arbeitsplan, aber es bedrückt mich überhaupt nicht; ich sitze meistens an der Schreibmaschine, weil es mir da am wohlsten ist.

—

Ich denke nicht mehr an Selbstmord, was nicht heisst, dass er nicht im Affekt möglich ist; aber nur im Affekt, ohne Vorsatz.

Vor einer Woche (23.3.) Besuch bei Jurek Becker, Ost-Berlin. Wohnt weit draussen, Einfamilienhaus mit Garten; zwei Kinder. Ich komme aus der Lektüre von JAKOB DER LÜGNER. Jugend in Ghetto und KZ, Muttersprache Polnisch, nicht einmal Jiddisch; er schreibt also in einer Zweitsprache. Ohne Besichtigung zu betreiben, nimmt man einen Standard wahr, der für einen freien Schriftsteller Mitte Dreissig ungewöhnlich ist, im Westen kaum anzutreffen; es ist alles da. Obschon unser Telegramm erst vor einer Stunde eingetroffen ist, ein festliches Abendessen; auch französischer Cognac. Unter anderem Gespräch über Israel; ein persönlicher Anti-Zionismus. Schon Vater und Mutter nicht religiöse Juden. Beiläufig viel Auskünfte über DDR-Personen. J. B. ein Geschichtenerzähler, man mag ihn sofort; Selbstbewusstsein ohne Allüre. Ihr Verhältnis zu diesem Staat bleibt undurchsichtig; Humor auch diesbezüglich, ab und zu in Anführungszeichen gesprochen: »im Sozialismus«, »Errungenschaft des Kommunismus«, aber auch nicht subversiv; eine deutliche Scheu, als Propagandist zu erscheinen oder als Resignierter. J. B. geht es gut. Sie demonstrieren nicht ihr privates Wohlergehen, aber verhehlen auch nicht, dass es schön ist, allerlei schöne Dinge zu haben. Er, zum Beispiel, kann reisen, hat aber kein Verlangen danach. Es atmet da eine Selbstverständlichkeit, dass man sich erst im nachhinein fragt, wie es mit den Privilegien ist. Auch J. B., wie alle, sehr hilfsbereit; das Menschliche hat Vorrang. Warum jemand wie ich in Leipzig offiziell gepflegt wird, nach seiner Deutung: die Welle der DDR-Anerkennung bringt sie in eine gewisse Verlegenheit, es gilt zu zeigen, dass man weltmännisch ist, vorallem aber dass die Frostigkeit nur der Bundesrepublik gilt, ganz und gar nicht dem Ausland schlechthin.

Das Doppelgesicht des Herrn Gruner. Bisher noch kein Gespräch über die Aussenseiter, über Wolf Biermann. Noch ist es (für mich) wie eine Einübung, einander von Person zu Person zu begegnen, nicht als Vertreter von Blöcken, was man ja nicht ist. Ein guter Abend. Heute Nachmittag fahren wir wieder zu J.B., auch Günter Kunert soll dabei sein.

—

Was mich aus der Schweiz erreicht: Steuerrechnungen. Und eine Einladung von der Sowjetischen Botschaft aus Bern; der Attaché hätte mich gerne persönlich gesprochen. Hat er das TAGEBUCH nicht gelesen? Einladung nach Moskau im Mai.

—

Es muss an mir liegen, dass keiner von den Freunden, deren Arbeit ich seit Jahren verfolge, einmal von den Problemen seiner Arbeit schreibt, Fragen grundsätzlicher Natur aufwirft oder berichtet, was ihm diese oder jene Lektüre offenbart hat. Oder liegt es nur daran, dass es ja das Telefon gibt, wobei man allerdings nicht von literarischen Problemen spricht; allenfalls ist zu vernehmen, dass ein Text viel Mühe macht, dass eine Erzählung fertig geworden ist, alldies nebenbei, innerhalb der Frage nach dem allgemeinen Befinden schon auch die Frage: Kannst du in Berlin arbeiten? wobei die telefonische Auskunft, Ja oder Nein, jedenfalls genügt. Aber eigentlich ist es im Gespräch, wenn wir zusammensitzen, kaum anders; eine gute Art von Kumpanei, und wenn Ernst aufkommt, dann führt er ins Politische, oder das Gespräch befasst sich mit Personen, die nicht zugegen sind. Auch wenn wir zehn Stunden zusammen sind, nie Zeit für die Probleme der literarischen Arbeit; kein striktes Tabu, man kann schon davon reden, z. B. vom Imperfekt, das mich beschäftigt und die Freunde vermutlich auch, aber solche Themen halten sich nie lange. Angst vor Fachsimpelei? als wäre das übliche Rialto-Gerede über die üblichen Ereignisse in den Verlagen nicht eine Simpelei, Ausflucht in Klatsch. Dass wir das neue Buch eines Dritten besprechen, nicht bloss erwähnen, sondern in einer literarischen Diskussion untersuchen, kommt selten vor; meistens bleibt es bei kurzen Verlautbarungen des Missfallens oder der Anerkennung, pauschal in jedem Fall, damit die Geselligkeit nicht unterbrochen wird. Es gibt Ausnahmen: wenn wir einander ein Manuskript gezeigt haben. Was selten geschieht. Ein Arbeitsgespräch anhand eines Textes; unter vier Augen. Danach reden wir Jahre lang nicht von Literatur und sitzen doch zusammen, als bräuchten wir Kollegen. Wozu ein Briefwechsel? Um zu sagen, was wir uns zu sagen haben, genügt das Telefon durchaus, und wenn man sich einige Monate lang nicht treffen wird, wenn die Entfernung (2 Flugstunden) sozusagen dazu verpflichtet, dass man etwas mitteilt, was auch am andern Ort noch von Interesse wäre, so habe ich schon Mühe; es bleibt Herzlichkeit an sich, Bemühung um ein gutes Verhältnis für den Fall, dass man sich wieder einmal trifft. Das reicht nicht für Briefe. Solange wir hier kein Telefon hatten, kam es zu zwei oder drei Briefen; Palaver schriftlich, Kumpanei auf Distanz, kein Aufwerfen einer Frage, die dazu nötigt, dass man sich einen Tag lang oder eine Nacht lang hinsetzt. Ein liebes Zeichen, ein Zeichen, dass wir uns mögen und einander eigentlich nicht brauchen, wenn wir nicht am gleichen Ort sind. Es muss auch an mir liegen.

—

Wenn es kaum noch einen Sinn hat zu lesen; man versteht, was man gerade liest, aber das Gedächtnis kann es nicht bewahren. So wenig wie Träume; es bleiben nur Rudimente, man erinnert sich bloss an die Dringlichkeit der Nachricht, nicht an ihren Inhalt.

29.3.

Günter Kunert, 44, er verbrachte mit Frau vier Monate in Austin, Texas. Gespräch über USA-Erfahrungen, ich frage ihn im Lauf des Abends immer wieder, wobei mich im Augenblick interessiert, was dabei im Rückspiegel erscheinen könnte: ihre intellektuelle Position hier in der DDR. Im direkten Gespräch über die DDR, das sie weder suchen noch meiden: ein loyal-ironisches Verhältnis zu diesem Staat, das Thema hängt ihnen etwas zum Hals heraus, auch die Polemik gegen den Westen. Wieviel sie dann wissen durch West-Fernsehen, wieviel sie kennen von amerikanischen Filmen, wieviel Interesse für Thematik, die nicht mit Sozialismus-Kapitalismus zu entziffern ist. Langes und kenntnislustiges Gespräch über Nieren-Transplantationen. Boykott des politischen Jargons; die westlichen Ultra-Linken als Ärgernis. Bedürfnis nach Humor, der dann nicht unverbindlich ist. Da die Generäle sich besorgt zeigen, dass die Soldaten zwar ihr Land verteidigen wollen, aber sich nicht nach einem Tod fürs Vaterland sehnen, mein Vorschlag: einen Film für die Generäle zu machen, der sehr kurz wäre, indem alle Soldaten ihren Tod fürs Vaterland im Sinn haben und dadurch die Schlacht sofort verlieren. Beiläufig in den Gesprächen und Erzählungen, aber evident: ihr positives und wieder unschuldiges Verhältnis zum Besitz, ihr Interesse daran, ihre Freude an Anschaffungen schöner Sachen oder lustiger Sachen, unnötiger Sachen; lebhafter als bei uns (bei Menschen des gleichen Berufsstandes) das Bedürfnis nach dem Exquisiten. Ist es vorhanden, so erscheint es aber nicht als Status-Symbol; es manifestiert das Individuum. Was Kunert zu Amerika sagt, sehr komplex und differenziert. Er ist von Figur schmächtig und grazil, kahlköpfig mit Schnurrbart und mit fliehendem Kinn, die Augen sehr wach, ab und zu lustig, etwas blitzartig. Er ist freundlich, ohne etwa beflissen zu sein, und gesichert vor Überschwänglichkeit. Übrigens war er zum ersten Mal im Haus von Jurek Becker. Hinterher der Eindruck, Kunert habe nie Fragen an mich gestellt, was keineswegs heisst, dass er nicht gesprächsbereit ist.

Nachlassen der Erfindungskraft, aber gleichzeitig kommt etwas hinzu, was nicht ohne weiteres eine Folge des Nachlassens ist: ein geschichtliches Interesse an der eignen Biographie und an der Biographie andrer, die man zu kennen gemeint hat, ein Interesse an der Faktizität, die ich bisher nur als Material missbraucht habe, nämlich willkürlich gesehen oder nicht gesehen, in Literatur verdrängt.

Was sie also in Brechts ARBEITSJOURNAL vermissen: das Private, das, wenn es sich manifestiert, so sehr verpönt ist. Nabelschau usw. Wie sehr es doch den Rezensenten um die Gesellschaft geht und nur um die Gesellschaft, nämlich in der Literatur. Was genau unter Privat zu verstehen ist, muss keiner von ihnen definieren; man weiss schon so ungefähr, was verlangt ist, was hingegen ganz und gar schmählich, und handkehrum ihr Entzücken: Man darf wieder Ich sagen, weil Peter Handke es gewagt und gekonnt hat. Und Brecht nicht so recht; der meldet nichts von seinen Geliebten, was er uns schuldig wäre, nichts von seiner Erfahrung mit dem Altern. Und sie zeichnen mit dem gleichen Namen, die Rezensenten, formulieren mit derselben Klugheit ihr jeweiliges Postulat. Es ist lesenswert wie Börsenkurse.

–

30.3.

Die Euphorie, man werde jünger dank eines Wohnort-
wechsels, dank Klima usw., nochmals etwas jünger.
–

Es fängt an, dass ich einen Kinderbesuch schwer ertrage, vorallem wenn die Mutter der Kinder sich so gar nicht stören lässt, sodass ich, der Alte, aufzupassen habe, und ein kleiner lustiger Hund ist auch noch dabei, mag nicht an die Leine gebunden sein, soll nicht an die Leine gebunden sein, soll die Speisen auf unserm Tisch nicht anschnuppern. Was mögen die Kinder, was gar nicht, was sollen sie trinken, wer darf einschenken oder nicht. Vorgesehen war ein später Lunch von zwei erwachsenen Paaren, die sich eine Zeit lang nicht sehen werden, vielleicht sprechen möchten mit einander. Da der Vater sich um fast eine Stunde verspätet, bleibt es Kindervisite; alle Türen offen, Kinder dürfen schliesslich in Schlafzimmer, Bad, Küche, Studio, desgleichen das lustige Hundchen. Dass mir einiges auf die Nerven [geht], ist meine Sache, meine Unartigkeit. Übrigens fehlt noch ein Sohn, kommt aber nach, es wird gegessen. Ohne Zwang, jedes Kind nimmt, was es will, versuchen will, mal kosten, die Mutter hat den Wachdienst abgetreten, ich schneide Brot und wieder Brot, höre zu, da inzwischen der Vater eingetroffen ist, giesse Wein ein und versuche zuzuhören. Die Leute haben einfach Nerven. Ich sehe nicht einmal ein, warum ich dieselben Nerven haben muss. Nichts sagen, um nicht Verärgerung durchblicken zu lassen, aber das ergibt ein graues Schweigen, unartig von mir, nur teilweise wettzumachen mit Aufmerksamkeit: wer möchte was. So beflissen, dass M. sich zu Recht vernachlässigt fühlt, allen habe ich eingeschenkt und ihr nicht, da die Flasche leer ist, und die nächste Flasche in der Hand versuche ich nochmals zuzuhören, statt zu entkorken. Entschuldige. Man hat es längst gemerkt. Aber was? Er, der Vater der Kinder, die jetzt nur noch mit Vanille-Eis über ihre Langweile zu retten sind, sagt nett: Du hast heute deinen Ernsten Tag, scheint mir. Also gebe ich mir, nachdem die Flasche entkorkt ist, sodass M. mich nicht weiter braucht, einen Ruck zur Kommunikation, nicke nicht nur ins Ungefähre, sondern sage etwas. Zum Thema, zu der Geschichte, die gerade aufliegt, ich war nämlich dabei; aber nicht bloss M., die ebenfalls dabei war, fällt mir sofort ins Wort und bei jedem neuen Anlauf sofort wieder. Warum sollen die Erwachsenen nicht durfen, was die Kinder durfen. Also habe ich heute meinen Ernsten Tag. Es bleibt noch der Witz, ins Gespräch einzuwerfen mit drei Wörtern. Ich wollte M. nicht verletzen. Der Vater der Kinder, dem es trotz seiner Verspätung schmeckt, findet uns ein komisches Paar, aber so komisch auch wieder nicht; die Frau eines Mannes, der so unartig ist, kann einem etwas leidtun. Wie weiter? Tatsächlich bin ich immer mehr im Unrecht; nach zwei Stunden sind die Kinder schon gar nicht mehr zu Besuch, der lustige Hund auch nicht, stattdessen der Sohn, der aber etwas zu berichten hat, und dass ich immer wieder einmal, so unauffällig wie möglich, einige Türen schliesse, ist eine Marotte von mir; ich bin der ungemütliche Kerl hier, der nur Cognac beitragen kann, nicht geradezu bose, nur nervös, dadurch unmöglich, und M. muss es wettmachen die ganze Zeit, ich kann ihr dabei nicht helfen, aber es wird ihr geholfen von der Mutter der Kinder, die grad wieder zurückgekommen sind, jetzt zur Ordnung gerufen; die Mutter, die ich herzlich schätze, scheint etwas gemerkt zu haben, sie sagt: Warum überhaupt habt Ihr den Hund nicht zuhause gelassen. Eine Auseinandersetzung, die auch einmal stattfinden muss. Später gefragt, was ich eben habe sagen wollen, weiss ich es tatsächlich nicht mehr. So wichtig wird es nicht gewesen sein. Ich zeige nicht nur wie vorher, dass ich zuhöre, sondern jetzt höre ich wirklich zu, aber es scheint, dass mein Ohr mittlerweile böse geworden ist; lauter Repetition, was ich höre, das Erwähnen von Kenntnissen ohne Einfall dazu, ich finde den kleinen Hund lebendiger. Das ist meine Schuld, ich weiss; es ist an mir, etwas Busse zu tun, nachher das Geschirr zu spülen, ein Alter, der sogar so reizvolle Kinder nicht mehr verträgt; noch am letzten Sonntag habe ich sie vertragen, mehr als vertragen.

—

31.3.

M. unglücklich über mein unmögliches Verhalten gestern, sie sagt: Wenn du Kinder von unsern Freunden nicht mehr verträgst, so können wir gleich ins Altersheim ziehen. Kurzdarauf unterläuft mir ein schwerer Fahrfehler, Nebenstrasse bei Rotlicht überquert.

—

31.3.

Mit U. und E. Johnson bei einem Freund von ihm in Ost-
Berlin. Manfred Bierwisch, Linguist, mit Gefährtin. Einer
von denen, die nicht in Gnade sind, nur sehr fähig; in seiner Arbeit behindert durch das Ausbleiben von Privilegien.

[...]

Treffen im Verlag Volk und Welt. Roland Links, Dietrich
Simon, Klaus Schlesinger, später noch andere Mitarbei-
ter des Verlages. Diskussion der Auswahl aus TAGE-
BUCH 1, dazu Reden. Geht die Büchner-Rede hier? Die
heiklen Punkte dabei; mein Eindruck, die Anwesenden
möchten eigentlich schon. Wer deckt sie? Man vertagt
den Entscheid, bis ein Herr Kähler, der das Nachwort
schreibt, sich dazu ausspricht; Mann vom ZK. Dazu später: Rennert, junger Lyriker, kritisch-radikaler, sehr offen in der Kritik am derzeitigen Staat, kurzhaarig, klug,
Savonarola-Typ. Zum Abend in der Wohnung von Links,
hübsch gemacht aus einem Ladenlokal zu ebener Erde an
Verkehrsstrasse. Viel ergiebiges Gespräch. L. am meisten
partei-gebunden, nicht zudringlich, eher zurückhaltend
und vorsichtig durch Schweigen zu heiklen Punkten.
Ihre Meinungen zu Kant, Kämpfer der ersten Stunde,
»der sich immer befragt, ohne sich je in Frage zu stellen.«
Immer erstaunliche Kenntnis der westlichen Literatur;
West-Fernsehen als Lieferant von internationalen Filmen.
Fremdsprachen; das obligatorische Russisch [kann] nach
8 Schuljahren niemand recht (wie auch U. Johnson nicht),
Gründe dafür: keine Gelegenheit zu sprechen, kein Kontakt etwa mit den sowjetischen Truppen im Land; ferner
»spielt natürlich die Antipathie auch eine Rolle.« Im Flur
sagt L.: Ich muss Sie einmal umarmen! und tut's.

8.4.

Vorallem Nachlassen des Kurzzeitgedächtnisses. Die permanente Unsicherheit infolgedessen; ich habe neulich oder sogar gestern etwas gelesen, das Gespräch kommt darauf, und es fehlen mir Daten, Namen etc., sogar die Erinnerung an meinen Gedanken dazu; ich weiss im Augenblick nur, dass ich es gelesen habe. Die Angst auch, dass man, was man im Augenblick sagen möchte, früher schon gesagt hat. Oder die andern sagen: Neulich haben Sie gesagt. Und ich kann mich nicht daran erinnern; ich habe es zu glauben, auch wenn es eine Unterstellung ist, mein Gedächtnis kann es weder bestätigen noch widerlegen. Mein Gedächtnis kann nichts verbürgen; man wird sich selber unglaubwürdig und tut besser daran, zu schweigen. Nachher weiss ich aber nicht einmal, was ich verschwiegen habe; es entfällt mir noch leichter als das Gehörte, das Geschaute. Übrigens hält sich das Geschaute (ein Strassenbild, die Einrichtung einer Wohnung, die Landschaft) besser im Gedächtnis als das Gedachte, das sich oft schon von einem Satz zum nächsten verliert. Man weiss nicht, was man hat sagen wollen. Das tritt immer häufiger ein. Beim Schreiben kann man wenigstens nachsehen, was man vorher gesagt hat; aber das verrät auch nicht immer, was man hat sagen wollen. Wie wenn man mit Kreide auf ein nasses Glas schreibt.

11.4.

Ost-Berlin, Verlag Volk und Welt, nochmals wegen TA-
GEBUCH-Auswahl. Der Nachwortverfasser: Hermann
Kähler (schrieb schon das Nachwort zu Gantenbein)
dankbar, dass er zugezogen wird, ein schüchterner und
wachsamer und von seiner Funktion etwas bedrängter
Mann, sehr respektvoll, man hat ihm den schwarzen Peter
zugespielt, jedermann (sogar ich) weiss, welche Formulie
rungen in der Büchner-Rede (und schon in der Rede zur
Frankfurter Buchmesse) anstössig sind. Ich muss schon
insistieren, damit in diesem Kreis (Küchler, Simon, der
junge Schlesinger, der die Auswahl gemacht hat) die Dif-
ferenz unsrer Standpunkte evident wird; Kähler getraut
sich nicht so recht zu sagen, was an meinem Text reaktio-
när ist, findet ihn nicht falsch, nur missverständlich usw.,
eine andere Rede wäre ihm lieber. Die Lektoren, meine
ich jetzt zu wissen, möchten den fraglichen Text sehr, und
sei es auch nur, um den Spielraum für Publikation hier ab-
zutasten; sie diskutieren mit Kähler in der Art, die gelernt
sein will: unter Vorgabe des ideologischen Einverständnisses ganz und gar, dies nicht heuchlerisch, sie sind ja keine
Konterrevolutionäre, nur eben keine Funktionäre. Also
keine scholastische Marxismus-Diskussion, kein Satz, so
dass gesagt werden könnte: Ach, Kollege, so denken Sie
also! nur eben das eine und andere Argument zur Praxis.
Kähler sagt nicht: Das geht nicht. Er gibt zu bedenken,
dass sicher andere Leute finden, zu Unrecht finden, das
hätte nicht publiziert werden dürfen. Und Herr Küchler,
Cheflektor, scheint erleichtert zu sein. Ohne feige (was
heisst das unter den gegebenen Umständen) zu sein, verhält sich jedermann so, dass er sich, wenn der Entscheid

anders als erwünscht ausfällt, nicht verrannt hat. Mein Argument: das Nachwort kann ja Stellung nehmen zu den Irrtümern des Autors, den Leser impfen. (Dazu sind diese Nachwörter ja da.) Roland Links ist nicht zugegen, krankheitshalber. Zum Schluss sitzt Kähler wie jemand, der ein Kuckucksei bekommen hat. Vereinbarung, dass ich das Nachwort zu sehen bekomme, selbstverständlich. Der Wunsch des Autors, des ausländischen, ist auch ein Alibi. Dann Imbiss im Klub, wo Kähler mir leid tut; er muss es spüren, dass er die Rolle des notwendigen Übels spielt, niemand wird direkt zu ihm, auch nicht im andern Gespräch. Jurek Becker kommt dazu, völlig unbefangen. Auf meine Frage, wann der Schriftsteller-Kongress stattfinde, sagt er (auch für den Funktionär hörbar) munter, wie er sich schon freue darauf, die Hände reibend, er habe schon ganz wunde Hände vor Händereiben aus Freude. Nach dem Theater wird man sich nochmals treffen, aber ohne Funktionär. Unter uns, sagen sie. Keine Verschwörung. Nur hat es keinen Zweck, wenn Funktionäre dabei sind; kein Kontakt, niemand möchte in seiner bleichen Haut sein; ein unglücklicher Mann, ein bemühter Mann, nicht mächtig, vermutlich auch besten Willens und gewissenhaft, übrigens dankt er beim Abschied nochmals, dass er den Autor persönlich hat treffen dürfen, das sei das erste Mal. Resultat: die strittige Rede soll also in das Bändchen kommen. Was von den Lektoren niemand für möglich gehalten hat. Einer sagt: warten wir ab, ob es dabei bleibt. Theater: DIE NEUEN LEIDEN DES JUNGEN W., von Ulrich Plenzdorf. Spricht dem Publikum aus der Seele, Jubel, dass gewisse Sätze öffentlich ausgesprochen werden. Für unsereinen wie ein Lackmus-Papier: die prompte Verfärbung zeigt den Säuregrad der Gesellschaft. Als Stück sehr simpel, dramaturgisch primitiv und aus dritter Hand, provinziell also, insofern mühsam. Aber es hat eine purgatorische Wirkung durch seine (auf vielen Umwegen eingebrachte) Unbefangenheit, die Wirkung von Kabarett; eine Art von Volksabstimmung, zwar wird nicht eine Stimme abgegeben, aber Lachen, viel explosives Lachen. Ein Parteimann, der neben M. sitzt, kommt nach langer Vereisung nicht umhin, am Schluss auch zu klatschen; es ist wirklich das Volk, das da jubelt. Nachher mit Schlesinger (Gespräch über die permanente Revolution, worüber wir beinahe die letzte S-Bahn nach dem Westen verpassen) und mit Ulrich Plenzdorf; ein wortkarger, sehr schüchterner Mann. Dabei sei er, so höre ich nachher, heute so locker gewesen wie selten. Viel Unsicherheit scheint dadurch verursacht, dass sie keine andern Länder kennenlernen können; das zehrt am Selbstvertrauen gegenüber dem Ausländer. Die Literatur als Fenster, in jedem Gespräch hier ist zu spüren, dass sie eine Funktion hat. Sie sind unversnobt, sehr wach, einer grossen Herzlichkeit fähig; kein Palaver. Es ist ein Wunsch, wenn man sagt: Auf Wiedersehen! auch von unsrer Seite.

—

13./14.4.

[...]

Das Bewusstsein, allem nicht mehr gewachsen zu sein, fast täglich das Erwachen in diesem Bewusstsein; im Lauf des Tages das zusätzliche Bewusstsein, dass ich den Aufgaben, die sich aus dem Umgang mit Menschen stellen, überhaupt nie gewachsen gewesen bin; ich habe es nur meistens nicht bemerkt.

17.4.

Treffen mit Christa Wolf und Gerhard Wolf im Opern-
Café, Ost-Berlin, fünf Jahre nach der Begegnung auf der
Wolga. Ihre neue Art, offen zu reden, ohne Zweifel loyal
gegenüber dem System, kritisch-offen, ohne dass der Besucher dazu nötigt; aber bald ist die DDR natürlich doch
das Thema. Nicht aufdringlich, nur ebenso offen ist ihre
Überzeugung, dass die Leute hier humaner sind, Menschen. Dies ohne Polemik gegen den Westen. Unser Ge
spräch, auch bei Sympathie, bleibt sorgsam, nicht ohne
Scherz. Beiläufig erfahre ich immer irgendetwas, ohne
gefragt zu haben, z. B. die hohe Selbstmordziffer in der
DDR, offiziell nicht bekannt gegeben. Gespräch über
Peter Huchel, über Uwe Johnson, dessen Werk sie kennen und verehren. Für mich noch immer merkwürdig:
die Kenntnis verbotener Bücher, die Bewunderung für
das eine und andere, »was hier nicht möglich ist«, ohne
Entrüstung über die Zensur. Ihr Buch NACHDENKEN
ÜBER CHRISTA T., das hier veröffentlicht worden ist,
aber den Oberen missfallen hat: nicht übersetzt ins Tsche-
chische, ins Ungarische, ins Polnische, weil die dortigen
Verlage, die es haben wollten, nicht gegen den diploma-
tischen Wunsch der DDR drucken; die Folge davon: das
Buch der DDR-Autorin erscheint nicht im Osten, aber
vielerorts im Westen, was gegen das Buch spricht. Frau
Wolf beklagt sich nicht; sie bedauert. Ich erfahre über ihre
neue Arbeit. Schwer zu wissen für den Autor, wie weit er
gehen darf, wie weit heute, wie weit morgen. Das gibt ih
nen nichts Kriecherisches, aber etwas Besonnenes, eine
Haltung, die man aus pfiffigen Vorworten aus der Feu-
dalzeit kennt. Denken und Veröffentlichen sind zweierlei;

das schärft vielleicht das Denken. Und immer die Charakter-Frage. Sie verachten die feilen Anpasser, ohne sie geradezu anzuprangern; gerade die können gefährlich werden. Christa Wolf träumt von London, aber keinesfalls möchte sie die DDR verlassen, die Gesellschaft, die auf dem richtigen Weg ist. Hic Rhodos. Schade nur, dass es hier keine Kneipen gibt, dann geht es immer in ein Hotel-Restaurant mit Pseudo-Eleganz, mit Kantine-Bedienung, mit mässigen Gala-Speisen; niemand fühlt sich hier in seinem Land. Wolfs bitten auch darum, dass wir einmal zu ihnen nachhause kommen. Ein junger Georgier, Germanist, der gute Mensch aus Tbilissi, wohin er mich einlädt; Hesse-Apologet, und übrigens hat er auch Stücke von mir übersetzt. Hesse erfülle die Sehnsucht nach Transzendenz. Ein schlanker kräftiger Mann, blauäugig, spontan und völlig unbefangen, wenn er gegen den Zentralismus der Russen spricht; er kann es sich leisten zu lachen. Wozu nach Moskau, nein, nach Tbilissi soll ich kommen, aber Ehrenwort.

18.-26.4. London

[...]

–

Keine Verpflichtung in London; ein paar Telefonate würden genügen, um Verpflichtungen zu haben, Gründe dafür, dass man in London weilt. Ich brauche sie nicht.

–

Von I. geträumt. Ihr royales Naturell, das zu London passt; dabei trug sie ein weisses Priesterhemd, ich kurze Tennis-Hosen. Heimlichkeit, Betrug, aber leichtherzig. Nachher rechne ich aus: sie 32, ich 47.

–

Karfreitag in Brighton mit meinem englischen Übersetzer, dessen Frau hier Deutsch unterrichtet; dann muss es für M., so denke ich, doch etwas seltsam sein, wenn sie vernimmt, dass sie mit einem Lehrstoff verheiratet ist, und sie mag es auch nicht gehört haben.

–

Royal, so vieles hier ist royal, nicht nur Westminster und Buckingham; sogar die schwarzen kleinen Taxi. Und nicht nur der Portier in unserem alten Hotel. Metropole eines vergangenen Imperiums, aber Metropole nicht nur am Trafalgar-Square, Metropole in jeder Gasse und in jedem Pub. Verglichen mit Paris: wilder, zeitgenössischer, vitaler, auch undurchsichtiger, vermute ich, und freier von Illusionen, die Paris noch zu hegen versucht wie eine berühmte alte gekränkte Schauspielerin. Verglichen mit New York:

in jedem Detail noch gesitteter. Verglichen mit Berlin-West-und-Ost: eine Metropole.

—

In letzter Zeit (vorallem in fremder Umgebung, z. B. nicht in Zürich) oft die plötzliche Erinnerung an Menschen, unverlangt. Fakten; sie fallen mir ohne Anlass ein. Was ich in meinem Leben alles nicht wahrgenommen habe. Wie brutal ich in bestimmten Situationen war, wie naiv und unbewusst, ebenso wahnwitzig in der Selbstgerechtigkeit wie in der Ungerechtigkeit gegen mich selbst, unwissend ohne auch nur eine Ahnung davon, wie unwissend ich lebte, wie blind, wie übermütig, wie vorsichtig, wie blöd, wie begabt. Jetzt Memoiren schreiben (nicht zur Veröffentlichung) wäre das Abenteuer, das noch möglich ist; es würde mich packen und umdrehen, glaube ich. Ich hätte ein Leben hinter mir, eines, das mich noch einmal interessiert, weil ich es nicht kenne. Es hiesse vorerst sich selbst verlieren. Wo die Gegenwart nicht mehr viel auslöst an Gefühl, plötzlich kommt es aus dem Vergangenen-Vergessenen: Gefühl, das sich ausdrücken möchte. So vielerlei ist gelebt worden und verschüttet, indem man weiterlebte. Ich müsste jetzt jeden Tag um sechs Uhr aufstehen, es eilt, es ist aufregend. Ich habe mir mein Leben verschwiegen. Es kommen auch Kronen zum Vorschein, die man nie getragen hat, unter viel Misere durch Dummheit und Feigheit und Eitelkeit auch Kronen, jetzt nicht mehr auf den Kopf zu setzen.

—

Früher war ich in London, um eigene Aufführungen anzusehen; Royal Court, Old Vic. Heute sehe ich zufällig das Royal Court Theatre und bleibe einen Augenblick stehen.

—

Bescheidenheit? Ich habe gekniffen; Angst vor dem Hochmut, der gefordert werden kann. Der Preis für diese beschissene Bescheidenheit: sie verdirbt die Menschen, die einen lieben, einen nach dem andern. Der Preis für Feigheit.

—

Gestern Ostermontag (British Museum, Pub, Schiff von Scott, Chelsea etc.) ein glücklicher Tag für beide. Dann gelingt plötzlich alles, Glück im Zufall, alles wird Gegenwart leichthin, Aktualität der eignen Existenz, es regnet und regnet, aber die Götter nehmen dich an die Hand, Athene, Hermes.

—

Ich könnte Berzona ohne Wimpernzucken verkaufen und verlassen. Berzona ist überlebt. Eine Fälligkeit, man scheut nur noch die Umständlichkeit der praktischen Durchführung. Wohin mit den Büchern, Dokumenten, Notizen usw. Für M. eine überraschende und erleichternde Kunde. Und die Wohnung in Küsnacht? Genau so. Stimmt es überhaupt, dass man irgendwo zuhause sein muss? Der luxuriöse Unsinn mit den drei Wohnungen; wie es dazu gekommen ist und die Erfahrung dabei, dass Eigentümerschaft mich nicht verwurzelt. Exil-Existenzen (wie Michael Hamburger hier) kommen mir verwurzelter vor. Ich kann ja jederzeit nach Zürich, wo ich zur Schule gegangen bin, wo ich fast ohne Unterbrechung bis zum fünfzigsten Lebensjahr gearbeitet habe; nur eben wozu. Wegen der Bodega Gorgot oder um die Fassade des Zürcher Schauspielhauses zu sehen? Oder die beiden Hochschulen, die ich besucht habe, das Grab der Mutter, einige Leute, auch gute Leute, sowie die Landschaft; ich kann nicht einmal sagen: meine Vergangenheit. Diese fällt mir unterwegs ein.

–

Gespräch mit Uwe Johnson in Berlin (10.4.?) wegen der Werkausgabe. Ja oder Nein? Ich bin jetzt doch dafür, wenn auch gegen Vollständigkeit. Eigentlich möchte ich nur:
Blätter aus dem Brotsack
Tagebuch 1946-1949
Tagebuch 1966-1971
Bin oder Die Reise nach Peking
(Die Schwierigen?)
Stiller
Homo faber
Gantenbein
Tell
Nun singen sie wieder
Graf Öderland
Don Juan oder Die Liebe zur Geometrie
Biedermann
Andorra
4 oder 5 Reden, gedruckte. Aber Johnson fordert Vollständigkeit (wenn schon, denn schon, Sie müssen dazu stehen, Herr Frisch, wir kennen alles), was mir ein Graus ist. Zum Beispiel möchte ich keine Zeitungsartikel. (Johnson kommt mit Walter Benjamin, der meinen Namen als Journalist erwähnt hat.) Briefe? Laut Testament gar keine.

Ein fragwürdiger Entscheid. Wenn Briefe, welche? Ich kenne sie ja nicht mehr. Eventuell: Briefe an Kollegen, Verleger, Institutionen. Keine Briefe an Frauen, Kinder, Mutter. Keine Notizen, auch nicht posthum. Darin liegt die Schwierigkeit aller diesbezüglichen Überlegungen: lebe ich bei der Veröffentlichung der Werkausgabe noch oder nicht. Ich sitze im Teeraum (Brown's Hotel, London) und fühle mich ausgezeichnet, warte auf M., um in die National Gallery zu gehen, ein sonniger Tag.

–

London wäre die Stadt gewesen, Englisch als Muttersprache, Zeit dieses Jahrhundert.

–

Auch nachdem ich den gelernten Beruf des Architekten aufgegeben hatte (zu Recht, denn es ist mir in der Architektur überhaupt nichts Eigenes eingefallen), blieb mein Verhältnis zur schriftstellerischen Arbeit amateurhaft; ich schrieb zwar hauptberuflich und viel und besessen, aber ohne systematisches Studium der eignen Anlage und Mittel, ohne systematisches Experiment. Eine Produktion nach den Glücksfällen des Gelingens, des wirklichen oder auch nur vermeintlichen. Ich überliess es der vorhandenen Begabung. Wie ein Dilettant; ohne systematisches Training. Und noch als Fünfzigjähriger, als Schriftsteller ausgezeichnet mit Preisen, ohne Hinblick auf ein Œuvre.

–

Abends in einem blue-jeans-pub, ich als Rübezahl, aber ich merke es gar nicht immer.

–

Hier kommen wir nicht weiter. Hier frieren wir ein. Es ist zu spät. Hier kommen wir nicht mehr heraus. Ich weiss nicht, ob Sir Scott es weiss. Wir gehen im Kreis herum. Wenn wir uns nicht bewegen, so frieren wir ein, und also gehen wir im Kreis herum. Es schneit. Sir Scott führt das Logbuch. Es schneit, es schneit, es schneit. Ich glaube, Sir Scott weiss es aber. Eine Seite seines Logbuchs liegt in London, die letzte, ich kann mich auf die Vitrine stützen, und das Blatt ist beleuchtet, die Schrift leserlich. Ich kaufe als Postkarte: THE LAST ENTRY WRITTEN BY CAPTAIN R.F. SCOTT ON HIS SOUTH POLAR EXPEDITION OF 1910-1912, zur Zeit als ich geboren worden bin. Wir haben auch sein Schiff besichtigt, das in der Themse vor Anker liegt, wir haben sein Foto gesehen in seiner Kabine. Sir Scott war ein Snob. Ich beneide Sir Scott um das Ende seiner Geschichte in Eis und Schnee, es war vorauszusehen bei so viel Eis und Schnee. Heute in London schneit es nicht, es blüht.

27.4. Berlin

Hier noch immer ein langsamer Frühling; das Gefühl, man sei schon etwas lange hier. Inbegriffen die Post, die an die Adressen in der Schweiz geht und umgeleitet wird: nichts von Freunden dort, nichts von Landsleuten, jedenfalls nichts Persönliches. Das Merkwürdige daran ist nur, dass es mir auffällt, nachdem ich die eingegangene Post durchgesehen habe, und merkwürdig vorkommt. M. über die London-Reise sehr glücklich; wie sie alles, was man in London gekauft hat, Ginger-Marmelade, Pfeifen, Postkarten aus dem Britischen Museum, ein Blake-Plakat etc., auf dem Küchentisch ausbreitet zu unserem Fest. Abends zu Anna und Günter.

P. S.

Es kam zu einem langen Gespräch zu viert: über Grass als politisch-öffentliche Figur und als Schriftsteller. Er sieht seine politische Aktivität jetzt als eine Phase, also in der Hoffnung, sie sei vorbei. Dabei bereitet er gerade eine Rede zum 1. Mai vor. Es scheint, dass er noch nicht in einer grossen Arbeit ist; er sagt oft, sehr oft, dass er jetzt zeichnet, nichts lieber als Zeichnen. Was die politische Phase an literarischer Potenz gekostet hat, ist nicht auszumachen; immerhin lässt er diese Frage jetzt zu. Die Gefahr der Verbravung, Kastration der Fantasie durch den politisch-bedingten Trend ins Pragmatische, Didaktische. Er ist nicht einverstanden, teilt solche Bedenken gar nicht, hört sie sich aber an; das war vor einem Jahr noch nicht möglich.

28.4.

Wanderung am Müggelsee, Ost-Berlin, zu sechst, Wald, regnerisch, dazu Kater vom Vorabend, ich bin zeitweise ohne Hirn, erst später in der Wohnung fähig zum Gespräch, und es gelingt ganz unerwartet. Fragen: welche Kontrolle hat die Regierung hier? Partei, Politbüro, Staatsrat, Kammer; was hat das Volk, in dessen Namen regiert wird, für Möglichkeiten der Mitsprache, der Einmischung in seine eignen Angelegenheiten? Diktatur der Arbeiterklasse; woher hat die Regierung ihr Mandat? Sie hat jedenfalls die Macht; woher? Von der Sowjetunion. Die Basis, DER ARBEITER, DAS VOLK, DIE WERKTÄTIGEN, sind ihrer Regierung ausgesetzt wie dem Wetter, das man nicht machen kann. Selbst ein Intellektueller, ein besonders kluger und wissenschaftlicher Kopf, kann mir nicht erläutern, wie der Apparat sich selbst kontrolliert; er ist Sozialist, aber findet sich damit ab, dass die Herrschaft für ihn, einen Engagierten, eigentlich undurchschaubar ist. Hinweise auf Lenin, die Rolle der Partei usw. Wer in diesem System, das er bejaht, ist imstande, nämlich berechtigt, Korrekturen einzuleiten, wenn Massnahmen sich als verfehlt erweisen? Die Klippe des ruhigen Gesprächs: dass auf die USA, auf die Bundesrepublik, auf die kapitalistischen Länder verwiesen wird, wo der Parlamentarismus keine effektive Kontrolle darstellt. Was wir wissen; aber darum ist man ja Sozialist, meine ich. Nixon ist ja nicht unsere Alternative; unter Demokratie verstehe ich, was das Wort heisst und was es heute in der Welt nicht gibt, auch hier nicht. Basis ohne Mitspracherecht. Ihr geläufiges Pathos, revolutionär zu sein, im Gegensatz zu uns: als hätten die 17 Millionen, die hier leben, eine

Revolution gemacht. Die Veränderung der Herrschafts-
verhältnisse wurde ihnen von der UdSSR aufgezwungen,
einem Volk, das in seiner Mehrheit eben noch national-
sozialistisch und aus eigner Wahl faschistisch gewesen ist;
das macht ihr Selbstverständnis schwierig, das Anerken-
nungs-Trauma begreiflich. Dazu Stalin. Die Kontrolle hat
nicht die Basis, sondern Moskau. Die Bruderschaft auf
den Spruchbändern hängt im Wind; garantiert durch die
sowjetischen Truppen im eignen Land. Wieweit man den
Sozialismus aus eigner Erkenntnis treiben kann, Mitsprache des eignen Volkes, hat sich in der ČSSR gezeigt. Ein
langes Gespräch, ich beschränke mich hauptsächlich auf
Fragen, die sich aus dem Einverständnis mit der Zielset-
zung des Sozialismus ergeben. Wie ehrlich kann der Befragte sein? Wie ich weiss, hat er schon einiges auf sich
genommen, keiner von den Nutzniessern; kein Konterrevolutionär; auch ist er nicht resigniert als Sozialist. Es
braucht Geduld, das Neue, das Bessere. Honecker ist besser als Ulbricht. Aber wie es zu einer solchen Ablösung
kommt, das politische Funktionieren hat mir noch keiner
darstellen können; einerseits der bekannte und gelehrte
Glaube an die geschichtliche Zwangsläufigkeit, anderseits
ist nicht zu durchschauen, warum dies und das geschieht
oder nicht geschieht, die Partei als Sphinx. Was sind innere
Machtkämpfe? Was entscheidet, wer entscheidet und mit
dem Anspruch, im Namen der unbefragten Arbeiterklasse
zu herrschen, unbedingt Recht [zu haben]? Angefangen
hat das Gespräch mit meiner Bitte um freundliche Information, wie in dem Apparat, der die Macht innehat,
Beschlüsse zustande kommen; so genau weiss das kein
Staatsbürger, scheint es, nicht einmal der Gebildete oder
die Tochter eines höheren Funktionärs; das Volk hat nur

zu wissen, dass die Beschlüsse richtig sind, solange sie in Kraft sind. Die Partei. Irrtümer unterlaufen dem einzelnen Mitglied, aber nicht der Partei, die der Weltgeist eingesetzt hat; Missstände (im Sinn des Sozialismus) sind offenkundig, und man spricht auch davon ganz offen, ganz ohnmächtig. Zum Schluss sind wir beide froh um das Gespräch. Staatsfeind Nummer eins bleibt die Spontaneität. Also verlagern wir sie ins Persönliche; es ist ein froher Abend geworden.

29.4.

Bei Uwe Johnson, Besprechung meines Manuskriptes REGEN (ich sagte ihm vor einiger Zeit, es sei misslungen, und er wollte es sehen, bevor ich es wegwerfe) in Anwesenheit beider Frauen. Nicht leicht für ihn, da die Arbeit gründlich missraten ist; sein Verdikt kommt denn auch ohne Floskeln.

—

Seit London wieder zuviel getrunken, point of no return, und dann jeder Abend um eine Flasche zu lang, nachher leichte Herzbeschwerden, Gefühl von Unmündigkeit, daraus die Empfindlichkeit, man fühlt sich entmündigt durch jede Lappalie.

—

Johnson hat recht, es liegt an der Optik; der Alte kann sich nicht selber darstellen. Hingegen halte ich das Thema, im Gegensatz zu Johnson, für ein Thema, mein Thema. Was er nicht glaubt; er erlaubt es nicht.

Herzbeschwerden den ganzen Tag. Gestern Jurek Becker hier, ich bringe ihn später zu Uwe Johnson. Alles läuft schief, sehr schief. J. B. ohne Ahnung, woher Johnson kommt, arglos; U. J. erschreckend, zuerst lässt er den Gast einfach unangesprochen, und als er ihn später anredet, fragt er, ob Becker wisse, dass die Drogen aus dem Orient über die DDR hereinkommen. Als hafte Becker für die DDR. Ich versuche mich als Moderator. Auf die unglückliche Frage von Becker, ob U. J. in der DDR gelebt habe, sagt dieser: er sei Schweizer. Ich bitte ihn, vielleicht doch Auskunft zu geben. Das tut er mit Schärfe. Als sei Becker verantwortlich für die DDR. Meine Vermittlung, Becker soll uns berichten, wie er DDR-Bürger geworden ist. Er tut's ungern, aber er tut's, Uwe Johnson fragt wie ein Staatsanwalt im Verhör. Wo war das Ghetto? Wie haben Sie Ihren Vater begraben? Der verwirrte Becker gibt einmal eine unnötige Ortsangabe, nämlich wo Oranienburg liegt. Johnson: Das wissen wir. Nachdem Becker so das eine und andere berichtet hat, ohne sich sichtlich reizen zu lassen, sagt Johnson: Nun haben Sie die Antwort, Herr Frisch, auf Ihre Frage. Als ich zuhause bin, sein Anruf: er wisse, dass sechs Millionen Juden, sogar acht Millionen, wie er herausgefunden habe, und warum ich als Schweizer meine, ich müsse Herrn Becker auffordern, ihm das zu erzählen. – Ich rate ab, das Gespräch jetzt nach einigem Alkohol zu führen; wir treffen uns heute um sechs Uhr in einer Kneipe. Leider fühle ich mich miserabel; Herz-Medikament ohne Wirkung.

—

Aussprache in der Kneipe von beiden Seiten sehr sorgsam. Kein Zerwürfnis, hingegen der Fehler, dass jeder mit der Selbstsicherheit des andern rechnet und nicht mit einem rohen Ei.

3.5.

Diese schriftlichen Anstrengungen gegen das tägliche Vergessen und was dann im Netz hängen bleibt: dasselbe, dasselbe, dasselbe.

—

4.5.

[...]

—

Kein Alkohol, es geht nur strikt; schwierig nur in der Geselligkeit. Wie damals nach der Hepatitis, als ich es neun Monate lang durchhielt: man hört die andern zu genau, sich selber auch. Zeitweise hört man lauter Zeug, das zu streichen wäre; diese Pseudo-Lebhaftigkeit mit lauter ready-made-Gedanken, ready-made-Geschichten, Repetitionen, unter Intellektuellen der flinke Schlagabtausch von Kenntnissen, ohne dass sie der Entstehung eines Gedankens dienen. Später am Abend, der um zehn Uhr schon zu lang wird, kommen die Ressentiments offen zum Zug, teils witzig, oder die Rechthaberei drängt zu Wiederholungen, die von Mal zu Mal etwas schlechter ausfallen; Blödelei als Versöhnung oder Gedankenflucht nach allen Seiten. Ich komme mir wie ein Wächter vor und ekelhaft, dabei habe ich selber wenig zu sagen, wenn nicht Alkohol die Kontrolle aufhebt.

—

Gestern mit Wilhelm Killmayer, der wie immer nur wenig trinkt; ein guter Abend, mehr als Zeitvertreib. Wenn jeder auf ein paar Gedanken kommt, die er nicht schon gehabt und früher schon ausgesprochen hat, dank der Gegenwart des andern.

Aus Heft 2 [1973/74]

Die Bahnhofstrasse, berühmt als Schaufenster unsres Wohlstandes, gehört zu West-Zürich; sie beginnt am See und endet an der Mauer; der frühere Hauptbahnhof, ehedem das architektonische Ziel dieser Strasse, gehört heute zu Ost-Zürich. Was die Sieger sich damals gedacht haben, als sie den Verlauf dieser Grenze bestimmten, ist für uns unerheblich. Es gibt diese Mauer nun einmal. Geschichte ist Geschichte und bestimmt unsern Alltag hüben und drüben. Warum, zum Beispiel, gehört der Lindenhof (ein Hügel in der Altstadt mit römischen Resten) zu Ost-Zürich, und dabei ist er nur mit Weidlingen (eine altertümliche Art von Ruderkähnen) zu erreichen als eine Enklave in West-Zürich, eingezäunt mit Stacheldraht. Die Brücken über die Limmat sind alle noch erhalten; gewisse Ausländer können passieren, wenn sie Ausweise haben, wir natürlich nicht. Und dann berichten sie, wie es drüben aussieht; man mag es eigentlich nicht mehr wissen. Ich bin in Hottingen geboren und zur Schule gegangen, natürlich erinnere ich mich an das Viertel, das ich heute und voraussichtlich auf Lebenszeit nicht mehr betreten kann. Meine Eltern sind beide tot, eigentlich habe ich in Hottingen nichts verloren. Neulich mit einem ausländischen Gast habe ich einmal die ganze Grenze abgeschritten von Seebach bis Kilchberg; der ausländische Gast machte immerzu Fotos, dabei konnte ich ihm die Mauer bloss von unsrer Seite zeigen, stellenweise überhaupt nicht. Stellenweise gehört die Limmat in ihrer ganzen Breite (sie ist ein schmaler Fluss) zu West-Zürich; das erübrigt eine Mauer. Der Ausländer knipste trotzdem. Das ist auf unsrer Seite erlaubt, beinahe erwünscht; das erinnert die Welt an eine

Ungeheuerlichkeit, die ihr zwar bekannt ist. Die beiden Hochschulen, wo ich noch studiert habe, zeigte ich aus der Ferne; die Technische Hochschule und die Universität, die letztere erweitert durch ein Hochhaus, das die Silhouette dominiert (ich selber bin seinerzeit bei einem architektonischen Wettbewerb ausgeschieden und zwar schon im ersten Rundgang, weil man eine solche Dominante keinesfalls wollte) als sogenanntes Wahrzeichen von Ost-Zürich. Es fehlt nicht an diesbezüglichen Witzen, die aber nichts ändern. Die Brücke, die den früheren Hauptbahnhof mit Ost-Zürich verbindet, ist auch von Ost-Zürchern nur mit besonderen Tagesscheinen zu betreten, daher meistens leer. Wie bei allen Brücken sind die Pfeiler umwickelt mit verrostetem Stacheldraht. Die genaue Anzahl der Menschenopfer ist bekannt, wenn auch umstritten. Natürlich wird man von Ausländern immer wieder danach befragt. Was das Leben betrifft, so hat es sich hüben und drüben mit den Jahrzehnten eingespielt. Hüben und drüben sind die Sorgen sehr verschieden, darüber wäre viel zu sagen. Es war ein regnerischer Tag; mein ausländischer Gast knipste trotzdem, wo immer die Mauer zu sehen ist. Was soll man noch sagen. Auch West-Zürich hat heute einen Hauptbahnhof, einen neuen. Der Zürichberg, wo früher die Reichen wohnten, gehört heute zu Ost-Zürich, die Banken an der Bahnhofstrasse hingegen zu West-Zürich. Alles in allem kann man sagen, dass wir, im Gegensatz zu ausländischen Gästen, die Mauer nicht grotesk finden. Einige Strassen und Plätze sind umbenannt worden, sie tragen die Namen der neueren Weltgeschichte, ohne deswegen ihre provinzielle Atmosphäre verloren zu haben; Namen von Siegern, hüben und drüben natürlich andere. Sogar die Brücken heissen hüben und drüben anders; in der Mitte wächst Moos. Der Stacheldraht, der meinem ausländischen Gast immer wieder auffiel, ist eigentlich überholt, daher verrostet und oft von Sträuchern überwuchert; in den letzten Jahren sind modernere Massnahmen getroffen worden. Die Mundart hat sich erhalten, aber es wird gesagt, dass wir hüben und drüben nicht mehr die gleiche Sprache reden. Beide Seiten behaupten, dass sie demokratischer leben. Eine kleine Insel in der Limmat, das sogenannte Bauschänzli, was früher ein Biergarten war, ist heute auch für West-Zürcher nicht mehr zu betreten; dort zu sitzen und ein Bier zu trinken, Blick auf das nahe Ost-Ufer, wäre wegen der Spruchbänder auf der andern Seite ohnehin nur ärgerlich. Vielleicht gehört man doch weniger zusammen, als man früher immer gemeint hat. Was wir hüben und drüben noch gemeinsam haben: die Aussicht auf die Föhn-Gebirge, das bekannte Elfuhr-geläute, die Möwen, auch einige Schwäne. Zumindest den Jüngeren, die kaum noch eine persönliche Erinnerung an das alte Zürich haben, ist es selbstverständlich geworden, dass die Limmat eine historische Grenze ist. Mein ausländischer Gast versuchte mit einem von ihnen zu sprechen; er wusste nicht einmal genau, wie es zu dieser Mauer hat kommen müssen. Das Zürichhorn, heute noch ein schöner Park am östlichen Ufer, gehört wiederum zu West-Zürich; es ist nur mit öffentlichen Booten zu erreichen durch einen Korridor über den See, die Bojen sind in der Nacht erleuchtet, bei Nebel ist der Verkehr sicherheitshalber eingestellt. Die Maschinen-Skulptur von Tinguely steht noch immer an ihrem Platz. So weit kam ich mit dem ausländischen Gast aber nicht. Die Mauer, die er so unermüdlich knipste, ist schliesslich überall dieselbe, Beton und Stacheldraht, stellenweise ist oben ein Beton-Rohr

befestigt, dessen Rundung dem Flüchtling keinen Griff
bietet. Es muss sehr schwierig sein, dieses graue Hindernis zu überklettern, selbst wenn nicht geschossen würde;
Spitzensportler haben die Anlage geprüft. Dahinter zehn
bis fünfzehn Meter mit dem Rechen gekämmter Sand, damit Fusstritte zu erkennen sind, dazu die Bogenlampen,
die diese verbotene Zone auch in der Nacht erhellen, dazu
die Wachttürme; mindestens einen sieht man von überall
her. Hunde waren an diesem Tag nicht zu sehen, also auch
nicht zu knipsen. Eine gewisse Enttäuschung meines ausländischen Gastes war nicht zu verkennen; offenbar hatte
er sich diese Anlagen doch sensationeller vorgestellt. Ihren weiteren Verlauf zeigte ich ihm auf einer Karte, wo
die Grenze ja eingetragen ist. Zollikon und Küsnacht usw.,
wo ehedem die Reichen und der obere Mittelstand wohnten, gehören heute zu Ost-Zürich; Thalwil auf der andern
Seite des Sees, der hüben und drüben gleichermassen
verschmutzt ist, gehört hingegen zu West-Zürich, ebenso
Kilchberg, wo das Grab von Thomas Mann besucht wird.
Auch das Joyce-Grab befindet sich in West-Zürich, das
Büchner-Grab hingegen in Ost-Zürich. Gräber wurden
nicht versetzt. Auch Geburtshäuser, z. B. das Geburtshaus
von Gottfried Keller, hat man belassen. Zum Schluss
tranken wir ein Bier und unterhielten uns über anderes. Es
ändert ja nichts an der Mauer, wenn unsere ausländischen
Gäste sie einfach grotesk finden. Unser Achselzucken
missverstehen sie wahrscheinlich. Es wird immer noch
auf Menschen geschossen. Die Tonhalle befindet sich in
West-Zürich; ich glaube, sie darf sich hören lassen. Vom
Zürcher Schauspielhaus, ehedem ziemlich berühmt, hört
man jenseits der Limmat gar nichts mehr; es soll noch immer in Betrieb sein. Was noch interessiert einen ausländi-

schen Gast? Unser Leben ist alltäglich, wie gesagt, hüben und drüben. Unterschiede des Komforts. Viele auf unsrer Seite begnügen sich mit Erbarmen, das in Herablassung übergeht, doch gibt es auch einige, die sich ernsthaft um Entspannung bemühen; die haben es schwer, da es hüben und drüben, trotz aller Unterschiede, Privilegierte und andere gibt, und natürlich sind es hüben und drüben die Privilegierten, die den Zustand unerbittlich bejahen. Wie es weitergeht? Ich glaube nicht, dass es in erster Linie von den Zürchern abhängt; das glaubt eigentlich niemand mehr. Zum Schluss ermunterte ich meinen ausländischen Gast, die Mauer auch von der andern Seite zu besichtigen; ob er knipsen kann, weiss ich im Augenblick nicht. Ich gab ihm die Adresse von zwei Freunden.

Einladung vom Schriftstellerverband der DDR zu einer Lesung angenommen ohne Bedingung, was gelesen wird, was nicht. Also eine Frage des Taktes, eine taktische Frage, wobei ich mir bewusst sein muss: es ist keine öffentliche Lesung in dem Sinn, dass kommen kann, wer eben mag. Nur Leute vom Verband, d. h. Kollegen und Funktionäre. Nun kenne ich inzwischen schon den einen und andern; es fragt sich, ob sie, wenn sie im Verband zusammen sind und wenn es zu einer Diskussion kommt, dasselbe Gesicht haben, denselben Humor, dasselbe Vokabular usw. Alles wird auf Tonband aufgenommen; nicht ohne Anfrage des Gastes. Ich bin einverstanden; das Tonband gilt nicht mir, denke ich, nicht in erster Linie, und überdies finde ich es gut: die jovialeren Töne (wenn der Staat nicht mitschneidet) kenne ich bereits. Was lesen? Ich habe übrigens die Einladung selber angeregt; eine Chance. Ein Bundesdeutscher etwa gleicher Gesinnung käme noch nicht in Frage; also die Guten Dienste der Schweiz, was mich allerdings nicht verleiten wird, Schweiz zu repräsentieren. Ich bin in der Tat sehr gespannt, fast erregt bei der Vorstellung, dass Texte ernstgenommen werden; ein Test für mich.

—

Ich werde immer enger.

—

[…]

5.5.

Kurt Marti: ZUM BEISPIEL: BERN 1972, Ein politisches Tagebuch. Ein Protokoll über die schweizerische Spielart von Faschismus innerhalb einer demokratischen Verfassung; die Behandlung der Dienstverweigerer vor Gericht und anderes, vielerlei, alles belegt, insofern interessant, wenn auch für mich nicht überraschend. Er kann auch zornig werden, der Tagebuchschreiber, der die Diffamierung dümmster Art an der eignen Person erlebt und die faktische Repression; dem streitbaren Pfarrer wird ein Lehrauftrag an der Universität Bern verweigert. Dies alles meldet er genau und tapfer, ohne ungerecht zu werden; zum Beispiel von Werner Weber lässt er sich schon noch feiern. Was verdriesst mich aber wirklich an diesem Buch aus der Heimat? In erster Linie natürlich die Fakten, die Marti aus seinem Bezirk meldet, dieser Geruch von Hochfinanzoffiziersgesellschaft usw., wobei Marti sich ans Lokale hält, um kompetent zu bleiben, wenn auch gelegentlich mit Blick auf die Dritte Welt, »Brot für Brüder«. Der stinkende Atem der Provinz (Brecht fand ihn in Ost-Berlin) kommt nicht daher, dass Marti sich mit Vorkommnissen von lokaler Wichtigkeit befasst; nicht nur Gott sitzt im lokalen Detail, auch der Faschismus oder wie man diese Herrschaftsform nennen mag. Leider erfährt man von der laufenden Diskussion zwischen Christen und Marxisten, an der Pfarrer Marti gewissenhaft beteiligt ist, nicht viel mehr als eine Nebenfolge: dass einflussreiche Herren ihn als Dreiviertel-Kommunisten bezeichnen, blöd genug, weiss Gott, den er einmal als Genosse Gott zu bezeichnen vorschlägt. Eigentlich wären wir Parteigänger; so wie Parteigängerschaft möglich ist: im grossen

Ganzen. Nur gibt es diese Partei gar nicht. Sein politisches Tagebuch (vom 24.3.1972 bis 25.9.1972) wirkt merkwürdig provinziell; aber warum eigentlich? Das alles ist für einen Mann, der ein Pfarramt hat, kein Gratis-Mut. Macht es seine Sprache? Zuweilen überträgt sich der Biedersinn auf den Kämpfer wider den Biedersinn; sein Biedersinn ist anders, das schon, dabei nicht pfarrherrlich. Zum Schluss (eigentlich schon sehr bald) ist man sehr traurig; es scheint, dass der Mief sich der Analyse entzieht. Oder ist das ein Mangel des Verfassers? Marti weiss, dass auch er nicht von Eitelkeit frei ist; die Hemmung, die aus solchem Bewusstsein kommt, hebt sie allerdings nicht auf. Ich weiss im Augenblick nicht, wie die Publikation in der Schweiz aufgenommen wird; Otto F. Walter, der Verleger, den ich vor der Lektüre nach dem Buch von Kurt Marti befragte, sagte lediglich: Es wird Sie interessieren. Liegt es am Verfasser, das Provinzielle, oder liegt es an dem Raum, in den er zu schreiben hat? Ein vertrautes Problem.

—

Heute Abend gibt Günter Grass ein Fest für seine langjährige Sekretärin, dreissig Leute; ich will versuchen ohne Alkohol durchzukommen, ohne einen einzigen Tropfen. Das sind meine Aufgaben.

—

Der Brief an Prof. Karl Schmid (UNBEHAGEN IM KLEINSTAAT) vor der Abreise nach Berlin, worin Ähnliches wie in dem Marti-Buch erwähnt wird, ist ohne Antwort geblieben; keine Auseinandersetzung, die mich verpflichtet, zumindest nicht als Schweizer.

—

M., der es natürlich nicht entgeht, dass ich Tag für Tag an der Schreibmaschine sitze, findet es bedenklich, dass ich von Tag zu Tag notiere. Statt eine grosse Arbeit anzufangen oder darauf zu warten. Vielleicht hat sie recht.

—

Der Wärter in einem Leuchtturm, der nicht mehr in Betrieb ist; er notiert sich die durchfahrenden Schiffe, da er nicht weiss, was sonst er tun soll.

7.5.

Reise nach Dresden abgeblasen.

—

Watergate. Aber was geht es mich an? Verhunzung der Demokratie, der moralische (moralisch im Sinn der System-
Moral) Bankrott einer Weltmacht, die unsere Schutzmacht
ist. Der Verdächtigte, nämlich der Präsident, kann den
Zeugen aus dem Weissen Haus, die ihn vielleicht belasten
würden, die Aussage vor dem Untersuchungsausschuss
verbieten (empfehlen), eine Groteske der Justiz. Aber was
geht es mich an? Lektüre zum Frühstück.

—

Uwe Johnson hat mitgeteilt, dass Elisabeth und er befun-
den haben, ich sei ein aufrichtiger Mensch. Unterschied
zwischen ehrlich und aufrichtig. Ein aufrichtiger Mensch
(so meine ich) wäre einer, der errötet, wenn man ihm sagt,
dass er ein aufrichtiger Mensch sei. Bin ich errötet? Jedenfalls fügte Johnson hinzu, das sei nicht als Lob zu verstehen, als Schmeichelei. Was ich dazu nicht gesagt habe:
wenn man keine Erkenntnisse hat, so wird Aufrichtigkeit
oder schon der blosse Versuch, aufrichtig zu sein, ein Er-
satz. Eine Flucht auch aus der Langeweile, eine gelassene
Art von Verzweiflung an sich selbst. Übrigens hat er nicht
gesagt, was Elisabeth und ihn zu diesem Befund geführt
hat.

—

Nachdem ich jetzt einiges mehr weiss aus seinem Bezirk,
Wolf Biermann wiedergelesen: DEUTSCHLAND. EIN

WINTERMÄRCHEN; FÜR MEINE GENOSSEN. Villon, Heine, Brecht, aber er ist kein Epigone auf Papier; Biermann ist eine geschichtliche Figur heute und hier. Das weiss er. Seine Person und sein Talent sind eins, seine Biographie und sein revolutionärer Auftrag sind eins. Wenn er in den Westen überwechselte (was den DDR-Behörden so passen möchte), gäbe es keinen Wolf Biermann mehr für alle Zeit; sein Gedicht wäre das Gedicht eines Literaten, eines Unterhalters, eines Epigonen. Was es jetzt nicht ist. Die Biographie ist entscheidend. Sie können ihn fertigmachen, aber nicht sein Gedicht, wenn er sich nicht aufgibt. Es liest sich heute wie die verbotene Stimme einer Epoche, von der eines Tages, wenn sie so oder so vergangen ist, nichts Gleichwertiges übrigbleibt; allein der Protest, der revolutionäre, wird sein Gewicht behalten.

[...]

9.5.

Wenn man beim Erwachen keine Ahnung hat, was zu tun
ist: eine Rentner-Existenz, sobald ich meine Arbeit wegen
Misslingen habe aufgeben müssen. Ohne einen andern
Einfall. Erwacht mit diesem Bewusstsein stehe ich sofort
auf –

–

Was es zu tun gibt: Verwaltung des früheren Œuvres. Soll
man heute ein Stück in Athen aufführen lassen? In der
Tschechoslowakei? Wieder jemand möchte das oder das
verfilmen. Was vorlesen in DDR-Berlin? Und so fort und
so weiter, dann wieder einmal der bekannte Fehlanruf:
VERBAND DER KLEINGÄRTNER, das bin ich nicht.
Was weiter? Zeit für Fernsehen; heute Debatte im Bundestag über den Grundvertrag, Rücktritt von Barzel; der
fehlt, F. J. Strauss repetiert noch einmal alle bekannten Ar-
gumente der Opposition und beruft sich nicht zum ersten
Mal auf die NZZ, die neutrale Seherin; Bundeskanzler
Brandt berichtigt kurz und entschieden. Vorher Besuch
von Günter Kunert hier; der eine und andere darf also.
Wodurch erwirbt man sich diese Vertrauenswürdigkeit
dadrüben? Eindruck von Kunert: ein Poet, alles andere
als ein Agitator, auch kein Polemiker, das politische Interesse ist nicht zentral bei ihm, ein natürlicher Antifaschist.
Unser zweites Gespräch schon ungezwungen (ohne Jovialität); es scheint wirklich nicht seine Art zu sein, Fragen
zu stellen. Also erkunde ich weiter: über Bodenrecht dort,
Kunert hat ein Haus gekauft, über Erbrecht usw. Ob sie
dort unter Kollegen das literarische Werkgespräch haben,
was wir (wenigstens in meinem Bezirk) kaum haben; das

Macher-Gespräch. Er vermisst es offenbar nicht. Über seine Erfahrung mit Brecht; sie war offenbar doch eher flüchtig, obschon seine Lyrik ohne Brecht nicht zu denken ist. Über das Leben in Rom; Kunert hat im Sinn, einmal ein halbes Jahr in Rom zu wohnen, wo er schon auf kurzem Besuch gewesen ist. Ein DDR-Bürger also, der nicht im Gehege gehalten wird wie andere. Auch nach Austin, Texas, gedenkt er später wieder einmal zu gehen; gewiss hängt es immer von der Behörde ab, Bewilligung. Im Stillen versuche ich mir vorzustellen, wie einer, Bürger des gleichen Staates, zum andern sagt: Ich darf nicht reisen, wieso du? Vielleicht sagt man es dann auch nicht; man gönnt es dem andern. Und dieser andere braucht nicht befangen zu sein; er wünscht es ja auch allen andern. Kunert plant ein Buch, für das er in der Kennedy-Bibliothek recherchieren muss; das versteht die Behörde in seinem Fall. Macht es mein Alter, dass er über fast drei Stunden nichts fragt; ohne sich anderseits mit einem eignen Thema aufzudrängen. Dabei nicht spröde, aber auch nicht unkontrolliert, was unserem Gespräch zu gut kommt; ich bin dann auch kontrollierter, glaube ich, und es kommt Lust an der mündlichen Formulierung. Ein Vorteil dazu: zwischen uns liegt kein Stoff für ausweichenden Klatsch, wir müssen schon zu einem Thema sprechen. Er geht auf Themen auch ein, witzelt sie nicht weg oder überrollt sie mit Anekdoten. Übermorgen will er sich nochmals melden; was mir recht ist. Wir danken einander für das Gespräch. Abends nochmals Fernsehen, Fortsetzung der Debatte im Bundestag, Kommentare zu Barzel, später Fussball: die deutsche Mannschaft, die sehr gut ist, verliert gegen Jugoslawien. Kommentare dazu erinnern mich an meinen Verleger, wenn er beim Schach einmal in Bedrängnis kommt. Wenn Deutsche nicht siegen, geben sie zu, dass sie Pech hatten und der Gegner viel Glück; was im umgekehrten Fall ganz anders ist. Sendeschluss kurz nach Mitternacht. Wieder ein Tag, ein gewesener Tag.

[...]

Er will nicht verblüffen, und es verblüfft mich nicht, dass sein natürlicher Charme (kann Charme anders als natürlich sein, auch wenn er taktisch verwendet würde) mich von Mal zu Mal betört; zumindest habe ich in seiner Geselligkeit keinerlei Bedürfnis, H. M. Enzensberger zu stellen, H. M. Enzensberger auf seine politische Verbindlichkeit zu testen. Kommt es im heiteren Gespräch doch dazu, so weicht er keineswegs aus, aber er wird auch nicht aggressiv, wenn ich mich lustig mache über seinen berühmten Brief aus der W.-University, sogar sage, wie wir uns damals über H. M. Enzensberger geärgert haben. Völlig krampflos, weder rechtfertigt er seine Aktion damals noch gibt er klein bei. Wie sonst bringt es ein Schriftsteller auf die erste Seite der NEW YORK TIMES? Sagt er und lacht über sich. Leicht könnte er mich durch sein grösseres Wissen überrennen, tut es nicht. Wir sahen uns zuletzt 1968 bei der schwierigen Sitzung in Frankfurt: Sozialisierung des Verlags, wofür er sich eingesetzt hat, ein Revolutionär der Praxis. Unrealistisch bezeichnet er heute seine Forderungen damals. Ohne Reue. H. M. Enzensberger ist weiter. Er spricht von Phasen, und ich sehe, sie haben ihm nichts angetan; keine Narben. Wie kaum einer in der Gegend geht er auf Ironie jeden Grades ein, lacht sofort und unbeflissen, man hat seine Freude an einander. Sein Verhältnis zu dem öffentlichen H. M. Enzensberger: kein Zerwürfnis, nur nimmt er's nicht bierernst. So scheint es. Ein Zyniker? Er gedenkt Spielzeuge zu machen in nächster Zeit. Kein Eiferer, aber Radikalismen machen ihm Spass, und wenn man ihn eine Nacht lang sieht (bis M. sagt: Draussen wird es hell!), so gönnt man ihm den Spass wie den

Vögeln das frühe Zwitschern. Sein infames Spottgedicht auf Prof. Mitscherlich ist nicht zur Sprache gekommen; er hätte es weder bereut noch über alle Massen verteidigt. Der Autor als Agent der Massen? Ein fröhlicher Intellekt. Von Phase zu Phase. Er bleibt an seinen Irrtümern nicht kleben, sie lassen ihn frei. Ein angenehmer Mensch, der sich selber nichts nachträgt.

13.5.

Dritter Anlauf zu der Erzählung aus dem Tessin (RE-GEN); es müsste doch möglich sein, ein Tal zu erzählen, »wo man gelebt hat«, Abgang ins Präteritum.

15.5.

M. macht mir einen schönen und leichten Geburtstag.
—

18.5.

Gestern bei Wolf Biermann. Vorher mit M. auf dem Hu-
genotten Friedhof, Brecht-Grab und die andern, Mai zwischen dunklem Klinker von Mauern, Brandmauern, Hin-
terhöfen in schöner Verwilderung grün und eine andere
Stille als auf der ziemlich stillen Chaussee Strasse draussen.

Biermann hat zwei gute Räume, viel an den Wänden, Fotos vom Vater (Haft-Foto) bis Lenin, Poster, Texte, Ma-
lerei von Freunden, Drucke, ein Che Guevara auch, Ein-
stein mit der Zunge. Ein kleines Billard. Ledersessel, alt
und dunkel, ein grandlit, daneben die diversen Bandge-
räte; ein Studio zum Leben. Keine Inszenierung, glaubwürdig als Kruste einer lebendigen Person, einer vorerst
stillen Person. Im Lauf einer Stunde kommen dazu: der
junge Jürgen Rennert, Böttcher, ein Maler und Dokumen-
tarfilmer, ein Physiker, Freunde von Biermann. Seine jetzige Gefährtin, Grafikerin bei VOLK UND WELT, vorgestern entlassen: weil sie mit Biermann lebt. Und eine
Serie solcher Geschichten; Rennert erzählt seine Erfahrungen mit dem Schriftstellerverband, Biermann von einer Sitzung des PEN-Clubs; kein Lamento, wenn sie berichten, »gleichgültig wer uns jetzt abhört«, sagt einer und
unterschlägt keinen Namen. Auch wenn ich schon etliches
weiss, doch die Verwunderung jedesmal, wie sie unter dieser Repression leben. Eine andere Repression als bei uns.
Jeder kann hier jeden fällen. So viel Charakter, um ihn in
einem solchen Betrieb nicht zu verlieren, hat der Mensch
von Natur nicht. »Wer sich nicht in Gefahr begibt, kommt
darin um.« Die Figuren wie Kant, Strittmatter u.a., die

undurchschaubare Mischung von Kumpelhaftigkeit und Pfaffentum. »Nicht das Leben steht auf dem Spiele, euer Wohlleben ja nur.« Alle hier sind Kommunisten, aber die glaubwürdigen; im Gegensatz zu den Duckmäusern in Amt und Ehren: Revolutionäre. Dies ohne rhetorisches Pathos, lebendig, noch als die Beschissenen wirken sie freudiger, dabei völlig unromantisch, verglichen mit unseren Linken. Die andere Art des Gesprächs; Böttcher erzählt eine halbe Stunde lang allein, der junge Rennert fast eine Stunde lang, kein Zwischenquatschen, sie bleiben am Thema und konkret. Ich selber habe in sieben Stunden nicht viele Sätze gesagt, einiges gefragt, nichts erzählt; wie man an einem Krankenbett sitzt oder in einer Werkstatt steht: Zuhörer. Ihr Überleben hier, ihr Verhalten zur Lage hier; sie haben die akutere Problematik, ohne Arroganz gegenüber dem Gast aus dem Westen. Ein DDR-Komplex, das schon und dabei freundschaftlich; unsere Sorgen, so scheint es, kommen ihnen historisch vor. Sie wissen Bescheid darüber, doch ohne Neugierde. Ich frage mich auf dem Heimweg, was sie durch den Gast eigentlich erfahren haben; eigentlich nichts als eben dies: dass ich nicht ohne Verständnis bin, bereit zu hören, ein Empfänger für Informationen. Es wundert sie schon auch, wie unsereiner dazu denkt. Sonst würden sie einem Fremden, der an seiner Pfeife saugt, nicht so ausführlich und gewissenhaft erzählen. Ein bisschen wie wenn man Eheleuten zuhört, die von ihrer Krise berichten; dann soll man nicht mit eignen Geschichten kommen. Es geht um sie und nicht um den Zuhörer, der gegen Mitternacht wieder wegfährt.

(Sicher hat es im besondern Fall auch damit zu tun, dass ich, wie sie meinen, aus der Schweiz komme. Es überrascht mich jedesmal: Sie als Schweizer. Das stimmt ja und stimmt nicht.)

Biermann lebt nicht schlecht, aber paradox. Seine Lieder, hier verboten und verfemt, bringen Westgeld, das ihm ausbezahlt wird, teils in der Währung, die ihm jeden Einkauf im Intershop erlaubt, also Luxus; wer nicht berühmt ist und dasselbe sagt wie er, kommt in den Knast. Wie damals bei Tolstoi: seine Leser wurden verfolgt, der Graf blieb unangetastet. Dieser Paradoxie ist sich Biermann voll bewusst. Was tun? Übrigens machen wir es den ganzen Abend mit Kaffee und drei Flaschen Wein, die wir mitgebracht haben, ohne Stullen; also nicht Luxus, obschon er die Möglichkeit hätte. Was für alle, die hier zusammenkommen, ausser Frage steht: abzuhauen in den Westen. Gespräch über den Krach im Wagenbach-Verlag; Biermann braucht einen westlichen Verlag. Welchen? Er braucht ihn, um hier seine Funktion erfüllen zu können: hier zu leben im Protest. Verhaftung nicht wahrscheinlich, aber unter veränderten Umständen nicht ausgeschlossen. Auch der junge Rennert, der nicht gedruckt wird oder nur rudimentär, denkt nicht an Auswanderung; sie wissen mehr als wir, wo sie hingehören. Wie die Tschechen. Das gibt ihnen bei aller Gefährdung (Entlassung von heute auf morgen, Berufsverbot) eine ungewöhnliche Sicherheit der Person, eine Art von Fröhlichkeit sogar, während die Leute draussen auf der Strasse ziemlich grau wirken, nicht arm, aber lustlos; die Angst hängt an den Funktionären, das Zittern der Opportunisten jeden Ranges. Ich denke an die Abende »drüben« im Westen; man vergisst hier nicht einen Augenblick lang, dass man anderswo ist. Noch der Witz geht immer um Existenz. »Noch machen wir nur

Witze«, ein Refrain von Biermann, den er uns singt. Sänger ohne Öffentlichkeit, Sänger auf Platten (im Westen gepresst), aber ohne sein hiesiges Publikum; das ist seine Wunde. Wer zu ihm hält, nimmt etwas auf sich, etwas Unbestimmtes; es halten nicht wenige zu ihm, scheint es. Als wir gekommen sind, bläst er an seine Fingernägel, er hat sie lackiert, um Gitarre spielen zu können. Vieles führt er uns auf Band vor, Texte, die ich vom Lesen kenne, »Für meine Genossen«. Jetzt nicht mehr Gitarre allein, auch Harmonium, Flöte etc., eine musikalische Inszenierung, die den Text ungeheuer verschärft. Die Freunde kennen das alles, sie laben sich; der junge Rennert, der dabei fast ekstatisch einstimmt. Später nimmt er die Gitarre und singt uns vor: Poet, Kämpfer, Clown. Das Brecht-Erbe bleibt unüberhörbar im Text wie in der Musik; der Vortrag hingegen ist ganz und gar sein eigener, zwingend in seiner wilden Komik. Dieser eher kleine, jedenfalls schmächtige und graziöse Mann, der sonst etwas krank aussieht: mächtig durch seine natürliche Unerschrockenheit, Savonarola und Schalk. Und Poet. Und ein Poet, den das Volk brauchen könnte als seinen Poeten. Gegen Mitternacht wieder einmal an der Kontrolle beim Bahnhof Friedrichstrasse, die Uniform-Physiognomien, ihre spröde Korrektheit, ihr Wächtertum, ihre arme Ahnungslosigkeit in preussischem Gehorsam.

21.5.

Berliner Sonntage mit Familien-Ausflug (gestern Familie Grass mit Günther S. dazu) in Gartenwirtschaften am Wasser, Bauernfrühstück, Wald mit Sand, Hunde, ein Fussball, Idyll mit Pils, Sonntäglichkeit, Ehe-Ruine.

—

Wir haben noch zehn Tage hier, noch allerlei vor; dagegen keine Ahnung, was ich in Zürich oder Berzona vorhabe. Ich rufe Jörg an. Man braucht jemand, der sich auf ein Wiedersehen freut, der's sagt. Frau P., die Sekretärin, schreibt ebenfalls, sie freue sich. Und Jürg Federspiel hat zum Geburtstag gekabelt: do not forget to come back. Was will man mehr.

Versuche mit Radierung. Ermuntert durch Grass, dessen Kinder sich in der freundlichen Werkstatt auch versuchen dürfen, während er mit Ernst an seinen Platten strichelt. Was bei mir herauskommt: Erinnerung daran, dass ich einmal gerne gezeichnet habe. Schwierigkeit mit dem Verfahren, Kaltnadel, dazu die Spiegelverkehrtheit beim Abzug. Und sofort möchte ich zeichnen, was zu schreiben mir nicht gelingt; kindlich im Strich, halbkindlich, im Anspruch sofort literarisch, kopflastig. Was Dilettantismus entlarvt; der beste Steckbrief auf die Person. Es lockt mich aber, weitere Platten zu bekratzen.

—

Es wird sommerlich, Friedenau grün, dadurch noch kleinbürgerlicher. Berlin ohne seinen nordischen Himmel und seine heitere Kälte, ein lindes und laubiges Berlin: was für mich nicht Berlin ist.

—

Es wächst sich an Berzona heran, wo ich kein Bedürfnis habe mich aufzuhalten; wir werden dort unser Haus besuchen, als schulden wir ihm das.

—

Visum für Moskau nicht eingetroffen, Fotos eingeschickt, seither kein Zeichen mehr.

—

Es drängt mich gar nicht, trotzdem gerät man in die Rolle des freundschaftlichen Eheberaters. (Meine Qualifikation dafür: drei vollstreckte Trennungen, die zu erzählen ich kein Bedürfnis habe.) Vier Menschen, aber kein Modell; sie verbrauchen zu viel Zeit, jetzt schon zwei Jahre, der Verschleiss nach allen Seiten. Und wieder: Die Kinder! die Verantwortung für die Kinder. Was dazu sagen? Ich meine es nicht als Rat, nur als Erwägung so und so, Planspiele, die diese oder jene Seite erschrecken; die Angst vor Trennung, während sie schon stattgefunden hat, als eine Art uneingestandener Angst vor den neuen Verhältnissen. Die grosse Brutalität, ohne die eine Trennung offenbar nicht möglich ist, verzettelt in kleine Brutalitäten hin und her; die Erosion der Gemeinsamkeit, nicht aufzuhalten durch so viel guten Willen von beiden Seiten. Schade für alle. So unhygienisch. Es ist schade um die Menschen.

—

Ein sehr junger Regisseur, der die CHINESISCHE MAUER inszenieren soll. Warum dieses Stück? Dass ich es selber überholt finde, hat er nicht erwartet; er will sich denn auch durch seine Inszenierung davon distanzieren. Ich bitte darum.

—

Anrufe von Günter Kunert und von Christa Wolf und von Jurek Becker.

—

Wenn man nicht genau weiss, was einen beschäftigt. Für Augenblicke erscheint es fast greifbar. Wenn man nicht daneben greifen würde immer wieder.

|...|

22.5.

Lesung beim DEUTSCHEN SCHRIFTSTELLERVER-
BAND (DDR) im Plenarsaal der Akademie der Künste,
Diskussion im kleineren Kreis im Ermeler-Haus. Gelesen
aus TAGEBUCH: Fragebogen 1 (zwischenhinein aus dem
ersten Tagebuch: 1946 Diskussionen mit Studenten, zur
Aufgabe des Schriftstellers, Fragen aufzuwerfen), Malermeister S. 48, Traum des Apothekers von Locarno, Lunch
im Weissen Haus, Reise nach Gorki S. 154-157, Fragebogen Heimat.

–

Wie erwartet, alles andere als eine öffentliche Lesung.
Eingeladen nur Verbandsmitglieder. Ob alle, weiss ich
nicht. Saal nicht voll; viele Personen, die nicht eingeladen
sind, aber davon gehört haben und trotzdem erschienen
sind, müssen abgewiesen werden. Schon die Lektoren des
Verlags VOLK UND WELT sowie dessen Leiter sind erst
auf meine Bitte hin zugelassen. Vorher Weinbrand beim
Vorstand; ihre Namen sind mir unbekannt, Schriftsteller.
Einer von ihnen offensichtlich aus dem Proletariat; ein
andrer, Peter Edel, ist in Mauthausen und Auschwitz gewesen. Ihre freundliche Besorgtheit, dass alles in Ordnung
geht und meine Wünsche respektiert werden; ich wünsche
am Pult ein Glas mit Wasser. Und Licht. Im Saal herzhafte
Akklamation. In der vordersten Reihe: Günter Kunert,
und das ist ein freundschaftlicher Akt, wie ich mit der Zeit
merke, froh auch um Jurek Becker; sonst stünde ich vor einem Geheimbund, es ist nicht die Anonymität einer nor-
malen Zuhörerschaft. Leider lese ich (wie M. mir nachher
sagt) viel zu leise, nicht von Anfang an, aber eine Zeit lang;

in den hintern Reihen müssen sie die Hand ans Ohr halten. Niemand ruft: Lauter bitte. Viel Aufmerksamkeit spürbar, obschon etliche den Text, der hier nicht zu veröffentlichen ist, bereits kennen. Wie einzelne Sätze sich in der andern Situation verändern, zum Beispiel spitzig werden: »Überzeugt Sie Ihre Selbstkritik?« Kurzes Lachen da und dort. Applaus nach dem Kissinger-Bericht, beim Bericht aus Gorki: die beherrschte Gespanntheit, ob der andere ausspricht, was man selber nicht aussprechen dürfte, und wieweit kann man sich Zeichen der Zustimmung gestatten. Der Fragebogen Heimat bekommt eine seltsame Brisanz: Uniformen und Heimat, Ideologie als Heimat, der missbrauchte Fahneneid, Haben Sie schon Auswanderung erwogen, der Zoo als Heimat usw. Es kommt zu Lachern, dann wieder eine intensive Stille im Saal mit vielen leeren Sesseln. Zum Schluss laute lange Akklamation und einen Strauss mit Rosen. Einige kommen mit West-Ausgaben, die zu signieren sind. Wer ist da gewesen? Wer ist eingeladen zur Diskussion im kleinen Kreis? Nicht da gewesen: Stephan Hermlin, Erwin Strittmatter, Hermann Kant, Heiner Müller, Peter Hacks, Christa Wolf (die uns auf nächste Woche in ihr Haus eingeladen hat per Telefon). Im Ermeler-Haus etwa 25 Personen, es gibt Hackepeter, Bier, Cognac. Diskussion also, wie betont wird: auf meinen Wunsch. Erfüllt wird auch mein Wunsch, dass die Anwesenden vorgestellt werden. Alles in allem Funktionäre, die auch schreiben, wohl nicht die Spitze der Funktionäre und Kultur-Dirigenten, Linien-Wächter. Immerhin drei Autoren, die ich dem Namen nach und aus ihrer Arbeit kenne: Volker Braun, Sarah Kirsch, Karl Mickel, dazu Kunert und Becker, die sich hier auch nicht in ihrem Nest fühlen. Peter Edel, der die Diskussion leitet: ein kleiner

Mann mit schwerer Biographie, ernst-jovial-ängstlich, jeder Satz ein Klischee der voreiligen Versöhnung. Wieland Herzfelde, dem ich schon im Tessin begegnet bin: Leiter des Malik-Verlages, lang ist's her, Verfasser schwacher Verse, Ehrenpräsident im DDR-Pen, Bruder eines grossen Bruders, im übrigen quick-undurchsichtig. Viel anders als in Princeton sind die Fragen nicht, ziemlich arglos um den heissen Brei herum: mit viel viel Respekt vor dem ausländischen Gast. Was sie für eine provokante Frage halten, ist auf dem Niveau, das sie anbieten, mühelos zu beantworten; umgekehrt nehmen sie eine Herausforderung kaum an. Eine merkwürdige Scheu vor Kritik; auch keine Polemik gegen den Westen (wie früher), es wird ausgespart, was die Hackepeter-Gemütlichkeit vertreiben könnte. Immerhin wird gesagt, dass mein UdSSR-Bericht weniger hergebe als der Kissinger-Bericht; was ja stimmt. Vorallem soll ich mich hier wohl fühlen, nämlich bedankt. Trotzdem dauert die Diskussion über zwei Stunden; einiges fällt mir erst nachher auf, zum Beispiel die totale Nichterwähnung bundesdeutscher Autoren, oder wenn ich einen Namen erwähne, so bleibt er liegen. Die ideologische Geschultheit, aber kein Missvergnügen im Kreis, wenn ich mich nicht an ihr Vokabular halte; ich muss ja nicht, das versteht man. Übrigens sprechen sie sich nicht als Genossen an, sondern als Kollegen, was hier stimmt, mehr als wenn ein Verlagsleiter seinen Fahrer als Kollege anspricht. Die meisten, die eine Frage stellen, enthalten sich daraufhin einer eignen Stellungnahme zu ihrer Frage; eher wie eine Presse-Konferenz. Ihre gelernte Vorsichtigkeit bei öffentlichen Äusserungen, aber nicht als Eloquenz auf Parteilinie; es meldet sich kein kämpferischer Theoretiker. Eine gewisse Ängstlichkeit, die sich als Respekt vor dem

Gast tarnt, natürlich nicht Ängstlichkeit vor dem Gast. Sie überlassen es meinem Takt, wovon ich reden will; keine ideologische Attacke, die mich in Verteidigung drängen und dazu verleiten könnte, die peinliche Gegenfrage zu stellen. Alles in allem fast eine Art von Schwarzhandel, was wir treiben; ich biete Meinungen feil, ohne die offizielle Terminologie in Kauf zu nehmen, und sie können es sich anhören, ohne sich als DDR-Bürger etwas zu vergeben. Nur mit Volker Braun, der sich nach der Wirkung des kleinen Tell erkundigt, und mit Günter Kunert, dessen Verhältnis zur Parabel ich erfrage, kommt es zu einem literarischen Dialog; dann ist es, als seien die andern nicht vom Fach, und man bespricht das besser an einem kleinen Tisch nachher zu dritt oder zu viert; es macht nichts, dass Herzfelde sich dazu setzt. Die Talente, wovon es wenige gibt wie überall, können es sich leisten, über Literatur zu sprechen wie über Literatur.

23.5.

Ganzer Tag in DDR-Berlin. Vormittags im Verlag wegen des Nachwortes zum Band: AUS EINEM TAGE-
BUCH UND REDEN. Über die Lesung vorgestern kein
Wort; meine Frage, warum die Diskussion nicht auf die
Diskrepanz gegangen sei. Wie so oft bleibt es bei meiner
Frage. Nachher ins Hotel UNTER DEN LINDEN, wo
ich M. und Bierwisch treffe, vorher das Nachwort lese.
Hier, in der Halle, sitzt auch Peter Edel, der freundlich an
seinen Tisch bittet; ich lehne freundlich ab. Zu Recht oder
zu Unrecht immer leicht das Gefühl, es beunruhigt sie,
dass man Leute trifft, die nicht zum Verband gehören und
die man unter vier oder sechs Augen trifft. Mittagessen,
dann zu Wolf Biermann; auch der vortreffliche Bierwisch,
der als Strukturalist nicht auf der Linie liegt und nicht zu
Kongressen reisen darf, scheint etwas überrascht, dass
wir jetzt zu Biermann gehen, jedenfalls fragt er nicht: Was
macht Biermann? Eine merkwürdige Aura ist um diesen
Namen wie um andere auch, eine Aura der Belastung, ein
promptes Verstummen, wenn ich den Namen ausgesprochen habe. Dann der fröhliche Biermann, und zusammen
mit Jürgen Böttcher, seinem Freund, zu einer privaten
Vorführung seiner DEFA-Filme: DER SEKRETÄR, DER
TIERGARTEN, WÄSCHERINNEN. Gute Arbeit unter
schwierigen Bedingungen; Böttcher sehr glücklich, dass
acht Augen seine Filme sehen, die fürs Volk gemacht worden sind. Der Sekretär in einem Industrie-Betrieb als Vertreter der Partei, ein sehr sympathischer Mann, glaubwürdig und vorbildlich und dazu authentisch, aber der Film
passte dann doch nicht zu dem Bild, das der Parteitag
sich eben von einem guten Sekretär erarbeitet hatte. Kaf-

fee bei Biermann; er monologisiert, berichtet über eine PEN-Sitzung. Stoff für Komödien, wenn es nicht traurig wäre in der Auswirkung; Biermann ist aus der Erbitterung heraus, aber kein Achselzuckender, er schildert das Duckmäuser-System mit einer rasanten Heiterkeit, ohne Larmoyanz. Wie Genosse Abusch das Ergebnis einer Abstimmung annulliert, wie Herzfelde manövriert usw., wo unsereiner noch gar nichts riecht: die hohe Schule des Opportunismus der Person unter der Litanei vom Aufbau des Sozialismus. Wenn er sagt: Ein Schwein, so immer mit dem Überton: Ein armes Schwein. Nachher nochmals im Verlag wegen Besprechung des Nachworts; Dr. Kähler, heute viel gelockerter als damals, beginnt mit einer ausführlichen Selbstkritik, im Ernst rührend. Ich gehe davon aus, dass ich als Verfasser nicht mit dem Nachwort einverstanden sein muss; warum sollte es nicht eine Widerrede sein, aber als solche klar. Sein Text: unbeholfen, ein linkischer Versuch, den Leser vor einem Einverständnis mit dem Verfasser zu schützen, eine Pflichterfüllung, wobei der persönliche Respekt überwiegt. Die Komik wie bei vielen solchen Nachworten: Krankheitserscheinungen der kapitalistischen Gesellschaft, was ich vorlege, und ihrerseits die philiströse Gewissheit, dass es in ihrer neuen Gesellschaft diese Probleme gar nicht mehr gibt, und warum interessiert es denn die Leser hier? Warum wollen sie es denn drucken: mein Identitätsproblem aus der bürgerlichen Vorzeit? Der Verlagsleiter begrüsst unser offenes Gespräch, ohne sich deutlich einzumischen; die Lektoren, Links und Simon, wahren den marxistischen Standort, meinen aber auch, es dürfte nicht philiströs sein. Ich schlage dem Nachwortschreiber vor: das Nachwort als blanke Kontroverse. Ohne Konvergenz. Er will es nochmals versuchen, ein Mann guten Willens; ich kein Verteidiger des Kapitalismus, sonst sässen wir nicht hier. Über Ehrlichkeit und Lauterkeit des Individuums, was eine moralische Kategorie ist, keine revolutionär-politische; meine Frage: ob es nicht trotzdem auch ihr Problem sei hier und jetzt. Wie meistens auf direkte Fragen und Aussagen: keine fanatische Widerrede, eigentlich auch keine Vereisung, Pause, auch keine Deklaration des Einverständnisses, eine faire Wiederaufnahme unsres Gespräches von vorher. Sie sind weder devot noch streitlustig, aber bedürftig nach Sympathie, nach Verständnis für die Situation, die sie nicht schildern. Herzlichkeit draussen im Korridor, die warme Erleichterung, dass keiner sich etwas vergeben hat. Wie ich denn den Nachmittag verbracht habe? Ich erwähne Böttcher und seine Filme; man weiss, und ich habe das Gefühl, mehr mögen sie darüber nicht hören. Da ich M. in der Halle des Hotels abholen soll, fährt Gruner mich dahin; M. sitzt mit Wolf Biermann, der sehr munter ist, und ich dränge zur Eile, da Gruner im Wagen wartet; Biermann findet, der Mann, der seine Freundin entlassen hat, weil sie mit Biermann lebt, könne warten, das Schwein. Das finde ich nicht; Biermann freut sich, dass er und seine Gefährtin uns zu dem Wagen begleiten können und dass Gruner unsere herzliche Verabschiedung sieht. Taktik auch so herum; hier wie in der UdSSR fühlt der Verfemte sich durch ausländische Freunde geschützter, man muss es den Bonzen unter die Nase reiben usw. Gruner, obschon man ihn zehn Minuten hat warten lassen wie einen Fahrer vom Dienst, zeigt sich nicht verstimmt, überhaupt nicht; er weiss jetzt, wo ich den Nachmittag verbracht habe, und der Name von Biermann, der vor uns herzufahren sich den Spass macht, fällt nicht, weder jetzt noch später. Wie kommen wir nach dem Film (Plenzdorf DIE LEGENDE VON PAUL UND PAULA) an die Friedrichstrasse? Gruner will uns abholen nach dem Film, tut es auch. Welcher Art ist seine grosse Fürsorge? Der Film ist lausig; traurig als Symptom einer Frustration, deren Wunschtraum noch Mief produziert. Die Kneipe, wo alle zusammen noch ein Bier trinken wollen, ist geschlossen, weithin keine andere; Fahrt durch menschenleere Strassen um elf Uhr, bis doch eine Kneipe gefunden wird. Später fährt der Verlagsleiter uns an die Grenze, bringt uns die letzte Strecke zufuss an die Grenze, dankt, winkt.

—

Wieviel hat es mit Sozialismus zu tun? Der Verschleiss von natürlichem Charakter, wenn das taktische Verhalten im täglichen Umgang zur zweiten Natur wird, mindestens im Umgang mit den Privilegierten. Schweine? Die andere Voraussetzung der Privilegien; bei uns ist es Geld, Macht durch Besitz, und der Privilegierte fühlt sich weniger gefährdet als hier, wo seine Privilegien jederzeit gestrichen werden können, wenn er dem Staat nicht gefällig erscheint. Verlagsleiter sein, Lektor, Mitglied dieses Schriftstellerverbandes, das sind ja bereits Privilegien: arbeiten dürfen nach Neigung und Begabung. Um das Privileg nicht zu verlieren, muss nicht jeder ein Spitzel werden, aber Vorsicht ist schon nötig: nichts gesagt haben, was die Obrigkeit, die Partei, irritieren könnte. Vorallem auch Vorsicht, dass man nicht mit einem Verfemten gesehen wird und dann, um das eigne Privileg zu retten, diesen zu denunzieren hat. Wenigen Denunzianten, glaube ich, ist es wohl; sie werden selber ängstlich und sich selber undurchsichtig. Wer möchte schon ein Schwein sein, auch nur ein kleines, ein armes. In den meisten Fällen, vorallem wenn einer etwas kann, geht es ohne Schweinerei, ohne Spitzeldienstleistung, sogar ohne lautes Bekenntnis zur Partei. Ihr gekonntes Schweigen zu bestimmten Namen, zu bestimmten Themen; die Selbstzensur nicht nur beim Reden, sondern sogar mimisch, sobald mehrere zusammen sitzen. Keine Staatsfeinde und keine Verschwörer, die sich tarnen müssten, und trotzdem etwas von Tarnung immer, eine Menschenart, die vom Chamäleon gelernt hat. Wer glaubt was wirklich? Bei Biermann weiss man es: ein Kommunist. Viele guten Willens. Gegenüber dem Ausländer sind viele befangen. Wenn Herzfelde angesichts der toten Strassen um elf Uhr nachts spottet: Das nennt man bei uns das pulsierende Leben! so weiss man, warum man dazu schweigt. Alibi-Humor. Wenn gewisse Leute zeigen wollen, wie keck und kritisch sie sind. Es stimmt bei vielen nicht. Charakter zu haben muss furchtbar schwierig sein; man atmet auf, wenn einer glaubwürdig erscheint in seiner Affirmation oder Kritik. Schwer herauszuspüren, wie sie zu einander stehen; diese Mischung von Kameraderie und strikter Verhohlenheit. Es kommt selten vor, dass einer von sich aus über einen andern spricht, zum Beispiel über Christa Wolf; oft bleibt das Gefühl, man sei in ein Fettnäpfchen getreten, aber es macht nichts, sie lassen sich nicht hinreissen zu spontanen Äusserungen. Alle wie verpackt, fast alle. Und es steckt an; ich werde selber vorsichtig im Erwähnen von Namen. Wenn der hilfsbereite Gruner auf seine Frage, ob er in Potsdam für ein Hotelzimmer sorgen soll, beiläufig erfährt, dass wir bei den Wolfs übernachten werden, kommt weiter nichts, einfach nichts, keine Frage etwa, wie es Christa Wolf gehe, und wenn ich über ihr letztes Buch rede, so bleibt es wie auf

Band gesprochen, ohne feed back. Und das sehr häufig.
Was heisst das? Es wirkt unnatürlich. Das Ventil: Jovialität.
Ohne Klatsch. Über andere zu reden grenzt an Denunzia-
tion, so scheint es, und wenn es sehr positiv wäre, so ist
es auch besser, man sagt nichts, es wäre eine Information
über die eigene Position auch, wozu. Man weiss nie, was
einmal schaden kann. (Vielleicht hat es aber auch damit
zu tun, dass ich nicht nur ein Fremder bin, sondern einer,
der vielleicht darüber schreibt und dabei nicht ahnt, was er
unter Umständen an Schaden anrichtet; eine begreifliche
Vorsicht also.)

27.5.

Gestern Abend bei Kunert in Buch-Berlin. Haus im Länd-
lichen, alles noch im Umbau; es wird geräumig und nicht
anonym. Der Abend widerlegt meine Notizen vom Tag
davor. Zu Anfang eine kurze Analyse der Veranstaltung
im Schriftstellerverband (Kunert fand das Publikum sehr
befangen, schwierig, die Diskussion verwaschen; ein Vor-
leser aus dem Westen ist nicht geheuer, auch wenn man
seine Bücher schon kennt), dann Gespräch über Literatur,
über Rom etc., der erste lange Abend ohne DDR-Thema.
Kunert bedient den Gast auch nicht mit jenem Alibi-Witz,
der vorgibt, man sei der Regierung gegenüber kritisch und
nehme da kein Blatt vors Maul; Kunert hat's nicht nötig,
kein Opportunist offenbar. Weder kommt in seiner Rede
irgendeine Beschwerde noch eine Huldigung an den Staat,
und über Erlebnisse in London oder anderswo spricht er
wie eben ein unabhängiger Kopf, einer mit grossen Augen
und mit der Sensibilität eines Poeten, der viel weiss, vieles
liebt. Alle vier beschwärmen wieder einmal Italien, auch
Kunert und seine Marianne ohne eine Spur von Ressen-
timent gegenüber dem eignen Land. Wir leben nicht in
Zeiten, wo ein Gespräch über Bäume nicht möglich wäre,
vorausgesetzt dass man Bäume erlebt.

—

M. wie jeder Partner, der viele Jahre mit einem Partner
lebt und fast alle Tage des Jahres, muss oft anhören, was
sie schon kennt; kein Wunder, dass man sich häufig ins
Wort fällt und selber gereizt wird, wenn der andere es
ebenfalls tut. Sobald ich etwas erzähle, was M. auch noch
nicht weiss, hört sie natürlich zu; nur scheint mein Vorrat

manchmal erschöpft, und das macht mich schon selbst nervös. Zeitweise ist es unmöglich, aus diesen Fertig-Geschichtchen herauszuspringen, und plötzlich kommt es doch einmal dazu: irgendwo in der Türkei vor vierzig Jahren liegt noch ein bisschen unverbrauchte Erinnerung, Gott sei bedankt. Anderes hingegen, was mit einer früheren Frau zu tun hat, bleibt versiegelt, nicht weil es für die Fremden zu intim wäre, jedoch irritierend für den Partner, den man jetzt liebt und langweilt, indem man ihn kaum je überrascht. Dasselbe Phänomen beim andern Paar: Erzähl du das! und dann korrigiert man sich in Daten, Ortsnamen etc. bis zur Einigung auf ein Communiqué.

–

Kunert ist Parteimitglied.

Verurteilung oder Nachsicht; wie sehr es von meinem eignen Befinden abhängt, heute so und morgen anders, und es ist derselbe Mensch, dieselbe Handlung, derselbe Ausspruch. Als entscheide meine Leber, ob ein und derselbe ein möglicher Mensch oder ein Schwein ist, und nachher verhalte ich mich trotzdem danach.

31.5.

Checkpoint Charlie.
(– einmal genau beschreiben!)

4.6.

Wieder einmal packen … Bilanz der vier Monate Berlin:
dass die Zeit vergeht.

–

Gestern Abend allein mit Uwe; Elisabeth im Spital (Blind-
darm-Notoperation). Er ist schwierig zu verstehen, oft
überhaupt nicht; sein Assoziations-System (vorallem nach
der zweiten Flasche Weisswein) bleibt mir verschlossen,
dazu noch seine Verschlüsselungen, er spricht Kreuz-
worträtsel, kopfüber in Kommentare zu Sachverhalten,
die er kaum mit einem Stichwort einführt und die man
aus dem Kommentar erst rekonstruieren muss. Oft ist es
schade, ich verstehe erst hinterher, wovon die Rede gewesen ist. Seine Ironie; dann halte ich wieder für Ironie,
was keine ist, und er erschrickt, und umgekehrt. Ein Lo-
giker und dann völlig irrational. Er weiss Fakten, Fakten,
Fakten und fingiert unversehens. Dazwischen die Schübe
von moralischem Rigorismus. Über Eheleute, über Arbeit
und Einkommen. Er richtet: ohne Zorn, was ihn noch
unerbittlicher macht, nicht selbstgerecht. Ein Puritaner,
alles andere als kleinkariert. Ein Nordmann, der nichts
auf die leichte Schulter nimmt. Hart und herzlich. Und
voll Fantasie, die sich spontan formuliert. Ein Kopf, in
dem unentwegt etwas vor sich geht und sehr rasch. Dabei
kann er zuhören; er hört sofort etwas heraus, Anspielungen, die ich nicht gemacht habe, und geht darauf ein. Er
unterstellt Gedankenfülle, die im Augenblick nicht da ist.
Seine Erschreckbarkeit; er wähnt immer etwas, sieht eine
Geste und deutet sie, fürchtet, er habe mich gekränkt und
bedauert, fühlt sich in seiner Zuneigung missverstanden.

Er wird vierzig; es beschäftigt ihn, es verrät sich indirekt. Sein Selbstwertgefühl ist kein behagliches Selbstwertgefühl; alles andere als Arroganz (was ihm seit der Jugend vorgeworfen wird), es manifestiert sich in seinen Massstäben, die nicht übernommen sind, sondern zu ihm gehören. Er inszeniert sich nicht auf diese oder jene Aura; er hat Format, das ihn nicht verlässt. Er braucht Alkohol, ein Mensch unter dem Überdruck seiner Gewissenhaftigkeit. Was bei Alkohol (drei oder vier Flaschen Weisswein im Lauf des Abends) zum Vorschein kommt, entlarvt ihn nicht; er erscheint als Verwundeter, aber nicht kleiner. Seine Erscheinung, die Robustheit seines Körpers, seine Denk-Disziplin, seine enorme Sensibilität. Einiges hat damit zu tun, dass er sich für hässlich hält, nicht attraktiv für Frauen. Die Zärtlichkeit im Umgang mit seinen Roman-Gestalten. Sympathie macht ihn nie kumpelhaft, unter Umständen aber männlich-zärtlich bei einer präzisen Schamhaftigkeit. Was gefährlich werden kann: er schaltet wahnhaft, nimmt seine Assoziationen für die Aussage des andern. Und dazu sein Gedächtnis: indem er sich genauer an Nebensachen erinnert (wo man gestanden hat, wann es gewesen ist usw.) und den andern dadurch unsicher macht, befestigen sich ihm auch seine Unterstellungen, seine Interpretationen; er dichtet, er interpoliert und zwar so klug, dass ich mit meiner Erinnerung, die Lücken hat, nicht dagegen aufkomme. Ich weiss nur, dass ich es so nicht erlebt habe. Er vergrössert. Eine Bagatelle (Bagatelle für mich) bekommt Gewicht, oft auch Glanz; er schafft Bedeutung, die er dann durch Zitat belegt, und das Zitat mag ja stimmen. Man kommt sich vor wie eine Gestalt unter den Händen eines starken Autors, eines Dichters, der hartnäckig so tut, als rapportiere er bloss. Als er für einen Augenblick hinausgeht, verkorke ich meine Flasche, um nicht weiter zu trinken, und stelle sie hinter den Fernseher; als er wieder hereinkommt, sagt er sofort: es fehlt eine Flasche. Ein Detektiv ersten Ranges. Als ich ein Streichholz in den Aschenbecher lege, wo ein Zigarettenstummel liegt, nimmt er den Stummel weg, sagt: Ich habe Sie nicht daran erinnern wollen, dass Marianne gegen Ihren Wunsch wieder raucht. Ich dachte etwas ganz anderes; aber er ist nicht abzubringen davon, dass er gesehen habe, woran ich im Augenblick gedacht habe. Er sagt: Sie haben den Kampf verloren. Welchen Kampf? Er sagt: Sie wollten nicht, dass Marianne wieder raucht, und haben einen Machtkampf daraus gemacht. Das nebenbei.

–

Wohnung übergeben an Ernst Jandl und Friederike Mayröcker, die den Sommer in Berlin verbringen wollen.

–

Noch eine Hepatitis! und es bleibt von meinem Hirn nicht mehr viel übrig, vom Gedächtnis, von der Person –

–

Es wäre noch einiges zu sagen, o ja, sogar viel, aber es müsste sehr genau gesagt sein und einfach, d. h. ohne literarische Ambition; Flaschenpost.

–

[…]

Berlin, 1974

(Rekapituliert.)

Wir sind am 10.12. nach Berlin gekommen. Noch Arbeit am DIENSTBÜCHLEIN. Zu Weihnacht-Neujahr lade ich ein: Steiner, Bichsel, Federspiel, Leber. Sie kommen am zweiten Weihnachtstag (ausser Jörg St.) und bleiben bis Neujahr, Besuch in DDR-Berlin; alles in allem wenig ergiebig, sie mögen das EXIL (Ossi Wiener) und kommen aus Suff/Kater kaum heraus, ich bin aber froh, dass Freunde da sind, Geselliges. Wie geht es Marianne? Arbeit an der Rede für den Schiller-Preis in Zürich, Thema HEIMAT. M. schenkt mir zu Weihnacht eine Schreibtisch-Kopiermaschine, grossartig, ich kopiere und kopiere. Was?

Januar (12.) in Zürich wegen Preisverleihung. Rede richtig. Effekt positiv-negativ. Städtisches Abendessen im Muraltengut. Kurzdarauf wieder nach Berlin.

KLIMA, im Herbst daraus vorgelesen in der Berliner Akademie, zusammen mit Koeppen, Höllerer, (Tumler); ich fühle mich in dem Text nur halbwohl, gebe die Sache auf. Jetzt im Januar, dank Kopiermaschine, nehme ich's wieder auf; neue Version, und ich meine, die Sache funktioniert jetzt. Zuversicht; Veröffentlichung im Herbst. Daneben Korrekturen am DIENSTBÜCHLEIN.

Der Plan, dass wir im April nach New York gehen, Veröffentlichung des SKETCHBOOKS als Anlass.

[...]

Freunde in der DDR: Ihr habt es gut, Ihr könnt vom kapitalistischen Ausland reden. Wir können nicht vom sozialistischen Ausland reden. Denn das gibt es nicht. Was in den Ländern, die sich die sozialistischen nennen, zur Zeit zu sehen ist: Bürokratismus mit sozialistischer Phraseologie, Staatskapitalismus ohne die mindeste Mitbestimmung von der Basis her –

–

Nachricht aus der Heimat; sie sollen doch recht verstimmt sein wegen der HEIMAT-Rede vom 12.1. Voran Professor Karl Schmid, der mir am Abend nur gesagt hat (qual-humorig): Sie haben mich von der Bühne herab angeschissen. Siehe Text; eine höfliche (meine ich) Anmerkung, dass ich mit seinem Buch nicht einverstanden sei. Ist der verdiente Mann sich selbst zum Popanz geworden? Pro memoria ein Ausspruch zwischen zwei Herren (wahrscheinlich von der hohen Behörde) im Muraltengut: »wenn es wenigstens revolutionär wäre, was er sagt, so könnte man etwas dagegen machen, es ist aber nur nihilistisch«. – Und nun sind sie ein Herz und eine Seele mit Alexander Solschenizyn, der gestern des Landes verwiesen worden ist ...

–

Schwierigkeit mit Günter Grass, meine Schwierigkeit: ich weiss nicht, wie ich es ihm sage, wenn ich mit seinen Proklamationen nicht einverstanden bin, mit seinem Hang zur Publizität. Stattdessen lasse ich mich dazu verleiten, andern davon zu reden, und das ist misslich. Attacke auf Brandt (der jetzt von allen attackiert wird), Gedicht auf Ingeborg Bachmann (»wichsende Knaben löcherten ihren Schleier«, ich fragte ihn bloss im Bundeseck, was damit gemeint sei), sein Israel und ICH, seine Lesung hier (wie die BLECHTROMMEL entstanden ist), sein Verdikt gegen Kollegen, die nicht zu Solschenizyn sich äussern, mit dem Schluss, ein Dialog sei mit solchen nicht mehr möglich usw., keine Woche ohne solche Hirtenbriefe. Wer soll's ihm sagen? Mein Mangel an Durchschlagkraft; ich frage (z. B. warum jetzt gegen Brandt?), und sofort findet er sein

Tun richtig, die Frage irritiert ihn nicht. So scheint es. Er wird nicht scharf, nicht böse, er verschanzt sich bloss hinter spezielle Sachkenntnis. Er ist in hohem Grad isoliert. Beginnt er zu reden, so setzt er Einverständnis voraus, zumindest wenn es sich um seine öffentlichen Verlautbarungen handelt. Dagegen ist er im privaten (Ehe-)Problem ansprechbar, sogar bedürftig nach Angesprochenwerden (Teilnahme). Sein Beschluss, er werde sich aus der politischen Aktivität zurückziehen, aber offenbar verträgt er nicht, was damit verbunden ist: Abnahme seiner öffentlichen Präsenz. Braucht er seinen Namen in den Zeitungen? Grass äussert sich zu: Scheel als Bundespräsident, Genscher als Aussenminister etc., Anruf von einer Redaktion genügt, und er verlautbart. Als könne er Aktualität ohne Grass nicht ertragen. Wie heilt man ihn? Einige behaupten, er höre auf mich wie sonst auf niemand. Mag sein; weil ich zu unscharf widerspreche. Es geht nicht um seine einzelnen Verlautbarungen, Meinung gegen Meinung; es ginge darum, ihm die Sucht zu lindern. Was möglich wäre durch begeisterte Teilnahme an seiner schriftstellerischen Arbeit; aber dazu muss ein Anlass bestehen. Er hasst Böll nicht, aber Böll, der andere Staatsschriftsteller, macht ihm zu schaffen: nicht als Konkurrenz literarisch, aber als Schlagzeilen-Name. Der Ehrgeiz, in der Zeitung auf der ersten Seite (Politik) zu erscheinen neben Henry A. Kissinger, Franz Josef Strauss, Dayan etc. Dabei im privaten Umgang ganz schlicht, auf natürliche Art bescheiden-privat, bedürftig nach Sympathie, auch fähig zur Anteilnahme durchaus. En famille. Wenn der Kreis grösser ist, wenn Fremde zugegen sind, kann er nicht umhin, redet als Instanz: GERMANY'S GÜNTER GRASS. Ich schaue ihn an, er merkt es und merkt es nicht, er sagt: Max hat heute seinen melancholischen Tag. Ich treffe kaum jemand, der mit Sympathie von ihm spricht, das Freundlichste ist Bedauern.

Berlin, Februar 74

Abend mit Kunert bei Johnsons, Abend mit Christa und Gerhard Wolf ebenda. Kunert irritiert-verhalten. Weicht aus. Hilflos durch Johnsons Art des Ausdrucks: oft Anspielungen, die der andere kaum entziffern kann, Kreuzworträtselei mit scharfem Ernst und Verhör-Charakter trotz Humor (was er dann dafür hält) mit richterlichem Rigorismus, sobald es um die DDR geht, und darum geht es für ihn. Er verzeiht es nicht. Was? Christa Wolf und ihr Mann sehr offen, locker, wach, differenziert in der Antwort, nicht ausweichend und nicht rechthaberisch, unfanatisch. Als ich dazu komme (um 20.30, am 26.2.), hat Uwe schon ziemlich getrunken; Rötung des Kopfes, dann unterbricht er jeden oder hält, wenn der andere spricht, sofort die Hand auf: Wortmeldung, als komme er nicht zu Wort. Thema DDR, was sonst. Als er die widerliche DDR-Schnulze vom Jugend-Festival abspielen will, weigere ich mich: Bitte nein. Zu wessen Freude, zu wessen Aufklärung? Als hätten die beiden Wolfs dafür einzustehen: wie ein Schweizer für Jodler. Es ist ärgerlich. Die Kritik, die die beiden DDR-Bürger aussprechen, ist fundamental, Kritik an der usurpatorischen Macht ihrer Regierung. Wofür will Uwe sie strafen? Er kommt nicht darüber hinweg, dass er und Elisabeth die DDR verlassen haben, dass andere es nicht tun und nicht zu tun gedenken. Etwas wie schlechtes Gewissen; er verlangt von den andern ein schlechtes Gewissen. So scheint es zuweilen. Trauma. Dabei begegnen sie ihm mit keinerlei Vorwurf. Sein Trend zum Apodiktischen, sein Trend zum moralischen Rigorismus. Elisabeth, obschon lächelnd, sekundiert; ihr verschärfendes Lächeln. Eine Art von Heimweh-Hass. Ich wundere mich, wie unbeleidigt Christa Wolf reagiert, dabei doch persönlich in der Darstellung ihrer Not. Ohne Rechthaberei, wie gesagt; nur hat sie Erfahrung, der seine Argumentation oft nicht standhält. Zeitweise hat man den Eindruck, er beneide sie um ihr Schicksal. Auch wenn er mich zu Wort kommen liesse, hätte ich wenig zu sagen; ich höre aber zu. Was will er eigentlich? – das schlechte Gewissen derer, die in der DDR leben und das Übel, das sie erkennen, unter Opfern bekämpfen? Es hat mit schlechtem Gewissen zu tun, aber mit seinem, so fürchte ich, ohne es ihm sagen zu können. Wir verabschieden uns herzlich. Auch die beiden Wolfs verabschieden sich herzlich, unbeleidigt, wenn auch betrübt vielleicht über ihre beiden Landsleute hier.

–

[...]

Viel Schlafen (mit Träumen), Flucht in die Müdigkeit; ich weiss nicht, was arbeiten. Langeweile rundum. Frühling. Ich gehe um den Schlachtensee: ohne einen einzigen Gedanken, nicht einmal Denken an etwas, kein Gefühl, ohne Echo auf alles, was ich sehe, ohne Echo auf genaue Erinnerungen in dieser Gegend, ohne Verlangen anderswo zu sein.

–

Die junge Frau im Suff, die einmal sagte: Sie überschätzen ihn, er redet und tut alles nur aus Eitelkeit, ich kenne ihn. – In letzter Zeit hat er auch für solche, die ihn zum ersten Mal treffen, an Ausstrahlung eingebüsst, wirkt nicht müde, aber glanzlos. Sein Geltungsdrang ist immer bestimmend gewesen fast in jedem Gespräch (Wahl des Themas), das hatte mehr Witz, mehr Verve. Geblieben ist die stete Selbstbehauptung. Eigentlich wenig Fantasie. Etwas bosshaft-gesetzt, behäbig, nüchtern-tätig. Als Person etwas langweilig; interessant durch seine Informiertheit, nicht durch Einfälle im Moment. Auf die Dauer erscheint er ziemlich primitiv. Umgängig, doch nicht generös; er muss immerzu der Sichere sein. Er zeigt nicht, dass ihm etwas missraten ist; er sieht es auch gar nicht. Seine Art, die Ellbogen zu brauchen, ist gewandter als früher. Seine Eitelkeit ist treuherzig, fast bieder. Es ist nicht schwierig, der Umgang mit ihm fast selbstverständlich, nur etwas eng im Spielraum, da er seiner Rolle gegenüber ohne Ironie zu sein scheint –

–

März.

Viel zu viel Menschen, Gesellschaft, Ansprüche, die ich nicht ganz erfülle. Die Rolle.

KLIMA (Erzählung) an den Verlag geschickt, dann in Frankfurt (6.3.) zum Geburtstag von Helene Ritzerfeld, Lektorat-Gespräche mit Unseld und Elisabeth Borchers freundlich. Es ist, glaube ich, schwierig für sie. Termine und alles vereinbart. Zwei Tage später, wieder in Berlin, ziehe ich das Manuskript zurück. Ich habe kein Urteil mehr.

Besuche von der Familie Oellers.

Ich falle mir schwer, dafür können die andern nichts, kaum eine Nacht ohne Träume, die alles zerreissen, darunter viel Sex; mehr als Tod; die Erektion bei Erstickenden.

16.3.

Gestern schönes Geburtstagsfest für M. in unsrer Wohnung. Gute Leute. Freundschaften in festlichem Einsatz. Meine Butler-Rolle (eine gute Flucht) und Tanz. Einmal, als ich noch kaum etwas getrunken habe, in einer Ecke mit Uwe und Elisabeth Johnson; sie sagen: Herr Frisch (was bei ihnen eine Formel der Intimität ist), wir haben den Eindruck, Sie leben nicht mehr lang. Meinerseits keine Rückfrage, warum sie den Eindruck haben; eine stille Erleichterung, die nicht überspielt werden muss. Es bleibt unter uns.

–

25.3.

Uwe und Elisabeth gestern zum Abendessen. Gelegenheit zur Frage, wie es bei der NAPOLA gewesen ist. Er
erzählt davon (zum ersten Mal). 1944, als Neunjähriger,
aus der gewöhnlichen Schule geholt: erkoren zur Auslese,
was der Vater (Staatsangestellter in der Landwirtschaft)
zwar ablehnen könnte, aber nicht tut; das Risiko, dass
er, der Partei widerstrebend, die ganze Familie belastet,
zum Kriegsdienst eingezogen wird. U. selber hat keine
Wahl. Erkoren als starker blonder Bub, »Jungmann«, Erziehung unter der Devise: Sterben für Deutschland. Ziel:
durch strengste Dressur programmiert zum höheren
Kader (Gauleiter etc.). Schule in einer polnischen Klein-
stadt, »früher verlorene Ostgebiete«, alles in Uniform,
strikte Trennung vom Vaterhaus. 1945 beim Anmarsch
der Sowjets: mit Ausnahme des jüngsten Jahrgangs, dem
er angehört, werden die NAPOLA-Schüler zur Verteidigung der Stadt eingesetzt und aufgerieben. Sein Weg
nach Stettin, Flüchtlingsströme, Hunger, Winter, die
Landser auf Rückzug; die kindliche Erfahrung, dass jeder nur sich selbst zu helfen sucht. Der Vater, nach der
Kapitulation von Nachbarn als Nazi angezeigt (»weil er
etwas bessere Möbel hatte als die andern Kleinbürger«),
ohne Untersuchung nach Osten abgeschoben in ein La-
ger; keine Nachricht mehr von ihm. Auch Elisabeth, als
die beiden sich in der Nachkriegsschule treffen, ist Vollwaise. Ein Detail: weil er der Bibliothek noch unbedingt
ein geliehenes Buch (Scheuben?) meint zurückgeben zu
müssen (die Bibliothek schon ohne Personal) als ehrlicher
Junge, kommt er nicht mehr auf Transport, muss seine
Flucht selbst versuchen: in der Uniform, ohne Ausweise,

unter Umständen verdächtigt, ein Fahnenflüchtiger zu sein. –

25.3.

Heute Flugschein nach NY geholt. Geld für Eventua-
litäten dort. Reisefieber ins Sinnlose. Es beginnt mit einer Ehrenrunde (Harcourt Brace, Academy of Arts and
Letters), dann ein paar Lesungen (NY, Boston, Toronto,
Montreal etc.). – Der innere Geschmack von damals, 1951,
die sehr verschiedenartigen Aufenthalte, Theater, 1962,
die Geschichte mit M. in Amerika-Stationen, Glück, Auf-
bruch, 1970, 1971, der letzte Aufenthalt 1972; deswegen
keine Bitterkeit aufkommen lassen an Ort und Stelle –
dies als Vorsatz, aber es wird nicht ganz leicht sein. Oder
ganz leicht? nämlich gleichgültig. Keine Ahnung, wie weit
weg diese Reise allein mich führt; wahrscheinlich ist es die
letzte NY-Reise.

–

[...]

–

Mit M. beim Einkaufen für mich: Hosen, Hemden, ein
Regenmantel, Socken etc., damit ich in NY anständig da-
stehe. Was denkt sich die junge (schwangere) Verkäuferin,
die sehr liebenswürdig und hilfreich ist, über unsere Beziehung? Meine Hast vor dem Spiegel; der zeigt mir meine
groteske Unzumutbarkeit für M. Dieser verfettete Alte,
der ich bin! Und eine halbe Stunde später habe ich es fast
vergessen: Wind, eine übermütige Luft, das Licht, Augenblicke leichten Wohlbefindens.

–

26.3.

Bundesrat Furgler hat vor der Bundesversammlung (laut NZZ, geschickt von Jörg Steiner, danke) auf die Proteste gegen die Asylpolitik geantwortet: – Wirrköpfe, Gemeinheit etc., also etwas zu unruhig, um ohne plumpe Herablassung und Beleidigtheit durchzukommen. Aber: die Anfrager erklären sich zum Schluss von der Furgler-Antwort »befriedigt«, inklusive der vortreffliche Gerwig. Inbezug auf den Offenen Brief: er ist im Auszug (Redaktion der Agentur) reichlich abgedruckt worden, ganz abgedruckt nur selten; kommentiert noch seltener (REPUBLIKANER, das geht auf die Privatperson M.F., literarisch-interessant in der WELTWOCHE, Rüedi), in der Sache widerlegt nirgends. Generell einmal mehr der Eindruck, die Erfahrung, die Tatsache: die politische Gegnerschaft in der Schweiz (wir sind Gegner!) spart mit Argumenten und sucht die privat-persönliche Insinuation, »Villa im Tessin«, »der reichgewordene Schriftsteller« (NZZ), auch Alter (63) als pejorative Facette. Oder aber: es wird nicht gesagt, wem man antwortet, sondern sie schiessen ins Anonyme: »Gemeinheit, wenn behauptet wird …« Ich habe es nicht anders erwartet. Sie sind an der Macht; sie müssen nicht fair sein, nicht einmal intelligent-redlich.

–

[…]

Anhang

Nachwort

Als im April 2011 die zwanzigjährige Sperrfrist ablief, die Max Frisch für Bestände aus seinem Nachlass verfügt hatte, öffnete der Stiftungsrat der Max Frisch-Stiftung einen Banksafe am Zürcher Bellevue. Darin zum Vorschein kam, unter anderem, das *Berliner Journal*. Es war keine Überraschung: Längst wusste man, dass ein solches Tagebuch von Frisch existiert. Er hatte sich mehrfach dazu geäußert: brieflich gegenüber Uwe Johnson, in einem Gespräch mit Volker Hage und sogar in einer »öffentlichen letztwilligen Verfügung«. Die Legende ging, es würde sich beim *Berliner Journal* um ein druckreifes Manuskript handeln.

Diese Legende hat sich nur zu Teilen bewahrheitet. Das *Berliner Journal* 1973-1980 ist ein Konvolut aus fünf Ringbüchern (von Frisch als »Hefte« bezeichnet), die sehr unterschiedlich ausgearbeitet und ausgerichtet sind: Die Hefte 1 und 2 (1973-1974) verfolgen ein breites Themenspektrum und sind sorgfältig ins Reine geschrieben, ausformuliert und durchkomponiert, sicher nicht bloß nebenher entstandene Aufzeichnungen aus dem Alltag eines Schriftstellers. Die Hefte 3 bis 5 (1974-1980) dagegen sind deutlich weniger sorgfältig und gegen Ende hin skizzenhaft verfasst und kreisen fast ausschließlich um Frischs Privatleben.

Aus persönlichkeitsrechtlichen Gründen kann und soll diese private Chronik nicht veröffentlicht werden. Von allgemeinem literarischem Interesse jedoch sind die Passagen aus den ersten beiden Heften, in denen Frisch in der ihm eigenen Art Tagebuch führt: in betrachtenden, berichtenden und erzählenden Texten, die sich zu einem dichten

Geflecht in sich zusammenhängender Themen und Reflexionen fügen. Sie werden hier unter dem Titel *Aus dem Berliner Journal* erstmals vorgelegt.

*

Mit seinen Äußerungen über das *Berliner Journal* hat Frisch die Erwartungen an sein Konvolut geschürt und zugleich die Ausgangslage vorgegeben für dessen Veröffentlichung. Der Abschluss des Journals fällt in die Zeit, da er in eigener Sache eine Stiftung und ein Archiv gründete. In diesem Zusammenhang erging an Uwe Johnson die Bitte, Briefe, Manuskripte oder andere Dokumente von Frisch aus seinem Besitz dem Archiv zu überlassen. Als langjähriger Vertrauter in literarischen Dingen verfügte Johnson über viele Materialien von Frisch, darunter auch die einzige (unvollständige, nur die ersten Hefte umfassende) Fotokopie des *Berliner Journals*, die Frisch ihm zur Aufbewahrung gegeben und Johnson wiederum bei seinem Notar hinterlegt hatte. Der Bitte um Überlassung kam Johnson gerne nach, verband damit aber seinerseits eine Bitte. Er schrieb an Frisch im September 1980: »Da Sie nun aber den Stiftungsräten das vollständige Journal übergeben, und ihnen damit eine Lektüre frei gestellt haben, würden Sie mir wenigstens das Studium des ersten Teils erlauben? Für die Frage entschuldige ich mich mit den beiden Umständen, dass ich mit Ihren Büchern lebe seit zwanzig Jahren und Ihr Leben, so oft Sie mich das sehen liessen, in meine eigene Biographie aufgenommen habe wie eine andere Sorte Kunstwerk. Bitte, könnten Sie sich hier verstehen zu einer <u>schriftlichen</u> Entscheidung?«[1]

Johnsons Neugier ist ebenso bemerkenswert wie seine Vorsicht. Er weiß wohl, dass er dem Freund nahetritt, vielleicht zu nahe, und will sich absichern. Die schriftliche Entscheidung von Frisch ließ nicht lange auf sich warten. Gut einen Monat später antwortete er aus New York: »In Sachen Archiv: Ich danke Ihnen, dass Sie es auffüllen; das wird nicht das Schlechteste darin sein. Das BERLIN JOURNAL von Februar 1973 bis April 1980, ist unter Sperrfrist, also auch den Stiftungsräten nicht zugänglich. Ich möchte, dass die Kopie, die Sie beim Notar hinterlegt haben, in Ihren persönlichen Besitz übergeht, lieber Uwe, unter der Bedingung, dass Sie dieses Journal niemand zeigen und, wenn Sie, als Einziger, es gelesen haben, mit niemand darüber sprechen. Ich weiss nicht mehr, was darin steht, viel Krudes, so vermute ich, viel Selbstgerechtigkeiten. Hoffentlich steht nichts darin, was Sie verletzt. Die späteren Hefte befassen sich nur noch mit Marianne/bis zum Begräbnis meiner Hoffnung, dass eine naheheliche Freundschaft möglich sei. Sicher ist manches anders gewesen, als der Schreiber dieses Journals es erlebt; ich weiss nur: es ist abgelebt. Und Sie wissen, was das heisst.«

Diese Antwort brachte Johnson in einige Verlegenheit, hatte er doch damit gerechnet, dass auch der Stiftungsrat Einsicht nehmen dürfe ins Journal.[3] Frisch hat dies aber auf den Zeitpunkt zwanzig Jahre nach seinem Tod verschoben. Damit gab er zugleich vor, dass dies eines Tages geschehen soll. Er hat das *Berliner Journal* nicht, wie er es mit anderen Texten tat, vernichtet, sondern er hat es bewusst archiviert und die Entscheidung darüber dem Stiftungsrat übertragen, der dieser Verantwortung nun nachgekommen ist.

Im Brief an Johnson scheint sich Frisch bloß in Grundzügen erinnern zu können, was im *Berliner Journal* steht, betont aber vor allem die Tatsache, dass die späteren

Hefte nur noch von der Ehe handeln. In einem Gespräch, das er ein knappes Jahr später, im August 1981, mit dem Journalisten Volker Hage geführt hat, unterstreicht er, gegen die tatsächliche Beschaffenheit des Konvoluts, den hohen Grad der Ausarbeitung auch noch der letzten Teile: »Als ich 1973 nach Berlin kam, habe ich manchmal wieder ein Tagebuch geführt, das so genannte *Berliner Journal*, über Kollegen, über Grass, über Johnson, die Leipziger Buchmesse, aber auch gemischt mit sehr Privatem. Das Tagebuch hat sehr viel mit der Ehe zu tun, darum kann ich es nicht vorlegen, will es auch nicht. Das Ganze ist eine Einheit, alles geht ineinander über, ich kann da nicht einfach einen Teil herauslösen, und ich möchte auch nicht bearbeitend herangehen. Es ist eben kein Sudelheft, sondern ein durchgeschriebenes Buch, auch die privaten Sachen sind ins Reine geschrieben, ausformuliert, nicht einfach nur Notizen. Der Zwang zur Formulierung ist wichtig, sonst wird es das pure Selbstmitleid. Das ist jetzt gesperrt bis zwanzig Jahre nach meinem Tod: wegen der Beteiligten, die dann weiter davon weg sind. Das habe ich erst einmal in den *deep freezer* getan.«[4]

Weder ein Sudelheft noch einfach nur Notizen, sondern ein durchgeschriebenes Buch, ins Reine geschrieben und ausformuliert unter dem Zwang zur sprachlichen Gestaltung: Frisch sah das *Berliner Journal* nicht als einen beiläufigen oder vorläufigen Text, den er sich vielleicht eines Tages wieder vornehmen und ausarbeiten würde. Zugleich sah er es als einen Text, den er zu Lebzeiten weder veröffentlichen konnte noch wollte, sondern »erst einmal in den *deep freezer*« tat. Wer etwas in die Tiefkühltruhe tut, will es konservieren in der Absicht, dass es eines Tages wieder aufgetaut und verwendet wird.

Es bleibt indes die Frage der editorischen Bearbeitung. Bei der Herstellung der vorliegenden Textfassung wurde jeder Eingriff unterlassen, soweit es die Rücksicht auf lebende Personen erlaubte. An einigen Stellen war es auch in den ersten beiden Heften unumgänglich, einzelne Textstücke von der Veröffentlichung auszuschließen. Für diese editorischen Entscheidungen waren aber in keinem Fall literarische, sondern stets und allein persönlichkeitsrechtliche Gründe ausschlaggebend. Da die nicht publizierbaren Passagen in sich geschlossene Textstücke bilden, ließ sich die Einheit der beiden Hefte ohne größere Abstriche wahren. Auf Eingriffe in die Textstücke selbst wurde konsequent verzichtet.

Welche Bedeutung Frisch dem *Berliner Journal* beimaß, zeigt sich schließlich auch darin, dass er weniger als zwei Monate vor seinem Tod noch einmal schriftlich dazu Stellung bezogen hat. In der »Öffentlichen letztwilligen Verfügung« vom Februar 1991 ermächtigte er den Stiftungsrat, sogar schon »vorzeitig, d. h. vor Ablauf der Sperrfrist von 20 Jahren«, versiegelte Briefe, Tagebücher oder sonstige Dokumente einzusehen und gegebenenfalls zu veröffentlichen, sollte dies »zum Schutze des Andenkens von Max Frisch gegen falsche, ehrenrührige oder sonst verletzende schriftliche oder mündliche Darstellungen Dritter« nötig sein. Und er fügte hinzu: »Insbesondere ist da u. a. das *Berliner Tagebuch 1972* gemeint.«[6] Ein solch dringlicher Fall ist glücklicherweise nie eingetreten, doch bezeugt noch der letzte Wille Frischs, dass er sein Journal für grundsätzlich publizierbar hielt.

Frisch hat freilich nicht erst, als er das *Berliner Journal* in seinen Nachlass gab, an die Öffentlichkeit gedacht. Er tat es schon beim Schreiben selbst. Nur anderthalb Wo-

chen nach Beginn seiner Aufzeichnungen hält er am 17. 2.
1973 fest: »Seit ich die Notizen, die anfallen, in ein Ringheft einlege, merke ich schon meine Scham; ein Zeichen,
dass ich beim Schreiben schon an den öffentlichen Leser
denke, gleichviel wann es dazu kommen könnte. Und mit
der Scham gleichzeitig auch die Rücksicht auf andere, die
auch tückisch sein kann, verhohlen, vorallem doch wieder
ein Selbstschutz; ich schreibe nicht: Paul ist ein Arschloch.
Punkt. Damit wäre ich ja ungerecht.« (S. 38)

*

All diese Äußerungen, im Journal und über das Journal,
belegen ebenso wie der Akt seiner bewussten Archivie-
rung: Das *Berliner Journal* besaß für Frisch den Charakter
eines Werks. Besieht man das Konvolut näher, muss man
diese Schlussfolgerung allerdings präzisieren: Das *Berliner Journal* besaß für Frisch *anfänglich* den Charakter eines
Werks, begonnen am Tag der Übernahme der neuen Wohnung in Berlin. Dieser Werkcharakter verlor sich genau
zu dem Zeitpunkt, da Frisch Ende März 1974 nach New
York reiste und von dort aus im Mai 1974 an der Seite von
Alice Locke-Carey alias Lynn für ein Wochenende nach
Montauk aufbrach. Der *Montauk*-Stoff scheint von Frisch
so unmittelbar Besitz ergriffen zu haben, dass er das *Berliner Journal* umgehend auf den Austragungsort seiner pri-
vatesten Angelegenheiten reduzierte, auf jenes »Journal
intime«, als das er es gegenüber Volker Hage bezeichnet
hat[6] und von dem es in *Montauk* heißt: »Wenn ich einmal
darin lese, zum Beispiel weil ich ein Datum brauche für
unser Gespräch, so bin ich bestürzt: daß ich vor zwei oder
fünf Jahren genau zu derselben Einsicht gekommen bin –
nur habe ich sie dann wieder vergessen, weil es mir nicht

gelungen ist, nach meiner Einsicht zu leben; ich habe das Gegenteil gelebt mit zäher Energie.«[7]

In der Verlagerung des schriftstellerischen Formwillens vom *Berliner Journal* zu *Montauk* (hauptsächlich geschrieben in der zweiten Hälfte 1974, veröffentlicht 1975) liegt auch der Grund, weshalb die hier vorgelegte Fassung des *Berliner Journals* unmittelbar vor Frischs Abreise nach New York im Frühjahr 1974 endet. Dabei lässt sich die These, dass das eine Projekt in das andere übergegangen ist, nicht erst mit Blick auf das nachgelassene Konvolut aufstellen. Sie findet sich schon in *Montauk*. Dort gibt es eine Szene, die vom Besuch in einer Boutique handelt. Während Lynn sich umsieht, steht der Erzähler gelangweilt im Laden herum und weiß nicht, was er denkt. Erst wenig später wird es ihm klar. Es ist ein poetischer Vorsatz:

»Ich möchte diesen Tag beschreiben, nichts als diesen Tag, unser Wochenende und wie's dazu gekommen ist, wie es weiter verläuft. Ich möchte erzählen können, ohne irgend etwas dabei zu erfinden. Eine einfältige Erzähler-Position.

Warum grad dieses Wochenende?

— statt zu beschreiben die ersten Einkäufe auf dem kleinen Wochenmarkt in Berlin, die leere Wohnung, wo ich tagsüber auf die Handwerker warte. Morgen soll es auch warmes Wasser geben. Straßen in diesem halben Berlin und seine Kneipen, seine halbe Havel, seine Kiefern unter nordischem Himmel. [...]«[8]

Was auf diese Passage folgt, ist eine äußerst verdichtete Schilderung des Berliner Alltags mit zum Teil wörtlichen Übernahmen aus dem *Berliner Journal*. An die Stelle dieser Beschreibungen sollte nun etwas anderes treten: die Beschreibung des Wochenendes auf Long Island. Frisch selbst hat somit bereits in *Montauk* die Erklärung gegeben, wie seine beiden Texte biographisch-werkgeschichtlich zusammenhängen – ganz ausdrücklich, aber bislang unverständlich, da niemand wusste, was im *Berliner Journal* steht.

Die Beziehungen zwischen *Berliner Journal* und *Montauk* gehen aber noch darüber hinaus. Bei der Arbeit an *Montauk* hat Frisch wiederholt auf das *Berliner Journal* zurückgegriffen und Materialien daraus für seine Erzählung verwendet. So findet sich in *Montauk* beispielsweise eine Auflistung von »Notizen im Flugzeug«, darunter der Satz: »Hat man schon zwei Hunde gesehen, die, wenn sie sich treffen, über einen dritten Hund reden, weil sie sonst nichts miteinander anfangen können?«[9] Der Satz entstand, in leicht anderem Wortlaut, am Schreibtisch in Berlin, wie sich nun herausstellt (S. 58). Oder die Anekdote vom französischen Edelmann, der auf dem Weg zur Guillotine um Papier und Feder bittet, um sich etwas zu notieren: Frisch hat sie in *Montauk*[10] fast wörtlich aus dem *Berliner Journal* übernommen (S. 60).

Es handelt sich hierbei um Texttransplantationen, wie sie in der Literatur nicht ungewöhnlich sind. Am interessantesten wird es dort, wo in solchen Querbezügen unterschiedliche Verzweigungen der schriftstellerischen Imagination lesbar werden. Im *Berliner Journal* schildert Frisch ein Gespräch mit Uwe Johnson bei einem nächtlichen Bier in Spoleto. Er wird vom jungen Johnson zur Rede gestellt wegen seines Ruhms: Was er damit mache? Johnson fragt nicht aus Spott, nicht aus Schmeichelei; er fordert eine Antwort. Frisch hatte diese Antwort nicht. Daraufhin Johnson: »Herr Frisch, darüber müssen Sie nachdenken.« (S. 24) Aus dieser Szene entwickelt sich im *Berliner Journal* ein großartiges Porträt Johnsons in seiner ebenso anspruchsvollen wie hoffnungsvollen Freundschaftlichkeit gegenüber Frisch. In *Montauk* dagegen wird das nächtliche Beisammensein in Spoleto nur sehr knapp geschildert, um daran eine längere Erörterung der Frage nach dem eigenen Ruhm anzuschließen – und damit Johnsons Aufforderung zu folgen.[11]

Die Zusammenhänge zwischen *Berliner Journal* und *Montauk* gewinnen sogar poetologische Dimensionen. Im *Berliner Journal* gibt es einen Eintrag, der die Poetik von *Montauk* vorwegnimmt. Am 29. 3. 1973 hält Frisch fest: »Nachlassen der Erfindungskraft, aber gleichzeitig kommt etwas hinzu, was nicht ohne weiteres eine Folge des Nachlassens ist: ein geschichtliches Interesse an der eignen Biographie und an der Biographie andrer, die man zu kennen gemeint hat, ein Interesse an der Faktizität, die ich bisher nur als Material missbraucht habe, nämlich willkürlich gesehen oder nicht gesehen, in Literatur verdrängt.« (S. 79) Auch wenn Frisch vom *Montauk*-Stoff unter dem Eindruck der Erlebnisse vom Mai 1974 geradezu erfasst worden ist und er deswegen die Arbeit am *Berliner Journal* zurückgestellt hat, zeigt sich bei genauerer Lektüre, dass die *Montauk*-Poetik bereits im *Journal* entworfen wird: das geschichtliche Interesse an der eigenen Biographie und der Biographie anderer, das sich an Faktizität hält und so wenig wie möglich in Fiktion überführen will.

*

181

Doch sind die Texte *Aus dem Berliner Journal* keineswegs Vorstudien zu *Montauk*, sondern zeigen den Tagebuchautor Max Frisch in seiner ganzen Meisterschaft. Bekanntlich hat Frisch das Tagebuch zu einer literarischen Form ausgebildet, die sich vom gängigen Verständnis der Gattung grundlegend unterscheidet. Tagebuch zu führen hieß für Frisch nicht nur, Eindrücke, Erlebnisse und Ereignisse des Alltags zu Papier zu bringen. Das Tagebuch galt ihm als weit mehr: Es war für ihn auch ein Ort für zeitgeschichtliche Analysen, ein Kompendium für ästhetische Reflexionen und ein Laboratorium für literarische Schreibweisen und Stoffe. Kennzeichnend für Frischs Tagebücher ist, dass sie nie bloß spontan oder subjektiv sind, sondern stets einem strengen stilistischen und kompositorischen Gestaltungswillen unterliegen.[12]

Das trifft auch auf das *Berliner Journal* zu. Doch ist ein »Journal« überhaupt gleichzusetzen mit einem Tagebuch? Frisch hat die Hefte seines Konvoluts nicht einheitlich betitelt: Die Hefte 1 und 2 überschrieb er mit »Berliner Journal«, das Heft 5 mit »Berlin Journal«, und die Hefte 3 und 4 unterteilte er in Sektionen, die nach den jeweiligen Aufenthaltsorten benannt sind (New York, Berlin, Zürich, Paris). Auch in den oben angeführten Äußerungen war er alles andere als konsequent, was den Titel seines Konvoluts angeht: Gegenüber Johnson bezeichnete er es als »Berlin Journal«, gegenüber Hage als »Berliner Journal«, und in der letztwilligen Verfügung sprach er gar von einem »Berliner Tagebuch 1972« (wobei er sich bei der Jahreszahl irrte). – Wenn die hier vorgelegten Texte den Titel *Aus dem Berliner Journal* tragen, so deshalb, weil sie sämtlich den ersten beiden Heften entnommen sind.

Die Genres Tagebuch und Journal sind eng miteinander verwandt, weisen jedoch gewisse Konnotationsdifferenzen auf (soweit man unter Journal keine Zeitung oder Zeitschrift versteht). Das Journal hat einen kaufmännischen Hintergrund und diente der Buchführung. Insofern besitzt es einen praktischen Unterton und ist stärker sachlich-registrierend als das Tagebuch, das gemeinhin eher intim-privat konnotiert ist. Der Grund, weshalb Frisch sein Berliner Konvolut im Unterschied zu seinen anderen Tagebüchern als »Journal« bezeichnet hat, liegt aber womöglich weniger in solchen Konnotationsdifferenzen als vielmehr bei Bertolt Brecht. Im *Berliner Journal* kommt Frisch mehrfach auf dessen *Arbeitsjournal 1938-1955* zu sprechen: Er erwähnt seine Lektüre, nimmt es in Schutz gegen die Vorwürfe von Rezensenten, die darin »das Private« vermissen (am 29. 3. 1973, demselben Tag, an dem er die oben zitierte Vorwegnahme der *Montauk*-Poetik formulierte), und scheint daraus sogar, bei allen Vorbehalten, literarische Maßstäbe zurückzugewinnen: »Seit der Lektüre des ARBEITSJOURNALS von Brecht (in vielen Punkten sehr dubios) sind wieder die Massstäbe da, ebenso erhellend wie lähmend, Massstäbe für eine schriftstellerische Existenz« (S. 48). Gut denkbar also, dass Brecht für die Wahl des Titels *Berliner Journal* das Stichwort gab – zumal sein *Arbeitsjournal* posthum anlässlich seines 75. Geburtstags Anfang Februar 1973 erstmals erschien.

Wie eng und bewusst Frisch den Zusammenhang zwischen dem deutschen Wort »Tagebuch« und dem Fremdwort »Journal« sah, belegt überdies ein Brief an Geoffrey Skelton, den englischen Übersetzer des *Tagebuchs 1966-1971*. Ihm gegenüber hielt Frisch am 19. 2. 1973, also knapp zwei Wochen nach Beginn der Arbeit am *Berliner Journal*, fest: »Ich vergass Helen Wolff zu schreiben, dass wir uns über den Titel ge[e]inigt haben: JOURNAL 1966-1971. Sie werden ihn so auf Ihr Manuskript schreiben.«[13] Helen Wolff, Frischs amerikanische Verlegerin, scheint darauf allerdings nicht eingegangen zu sein: Das *Tagebuch 1966-1971*, aus dem Frisch bei der Aufnahme der Arbeit am *Berliner Journal* herkam und mit dessen Promotion er bei der Abfassung noch beschäftigt war, erschien 1974 als *Sketchbook 1966-1971*.

*

Trotz seines Titels reiht sich das *Berliner Journal* ein in die Tagebücher Max Frischs. Zu deren Poetik gehört, dass die darin enthaltenen Texte zwar in sich geschlossene Gebilde sind, aber untereinander zusammenhängen. Entsprechend lassen sich wiederkehrende Themenkomplexe ausmachen. Im Falle des *Berliner Journals* sind es im Wesentlichen vier Stränge, die das Textkorpus durchziehen und miteinander verflochten sind: Der erste Strang beschreibt das Leben des Autors in seiner neuen Umgebung, der zweite betrifft die in sich geschlossenen fiktionalen Texte, der dritte versammelt die zahlreichen Schriftstellerporträts, und der vierte schließlich handelt von der DDR.

Warum ist Frisch in den frühen Siebzigerjahren überhaupt nach Berlin gezogen? Die Stadt war für ihn ein Ort vieler Erinnerungen: an Reisen und Aufenthalte, an Theaterproben und -aufführungen, an Liebschaften und Ehebrüche. Ausschlaggebend für den Umzug war aber wohl vor allem die Wohnung in der Sarrazinstraße, auf die seine Ehefrau Marianne durch glücklichen Zufall gestoßen war, in Friedenau gelegen, wo damals viele Schriftstellerkollegen und Freunde wohnten, allen voran Günter Grass und Uwe Johnson.

Zugleich scheint dem Wohnortwechsel ein gewisser Überdruss an Zürich vorausgegangen zu sein. In einem gut vierseitigen, unabgeschlossenen und unveröffentlichten Text mit dem Titel *Zur privaten Situation* – geschrieben im November 1972, also zwischen dem Kauf der Wohnung und dem Umzug – hat sich Frisch Rechenschaft abgelegt über seinen Gang nach Berlin und seinen Weggang von Zürich. Der Text beginnt wie folgt: »Die beiden letzten Winter in New York, jetzt ein Versuch mit Berlin. ~~Dabei habe ich ein kleines angenehmes Haus im Tessin und eine zweite Wohnung bei Zürich.~~ Übrigens sind es nicht die andern, die fragen, sondern ich frage mich selbst, warum ich nicht einfach in Zürich wohne. Ich habe hier keine Funktion. Das war nicht immer so.« Frischs Analyse seiner privaten Situation hat nichts Weinerliches: Er stellt und hält fest, dass ihn mit Zürich fast nur Erinnerungen verbinden, gute und schlechte, jedenfalls Erinnerungen, die nicht mehr viel hergeben. Keine Funktion zu haben – »nicht unbedingt eine öffentliche Funktion, aber schon eine gesellschaftliche« –, irritierte ihn nur in seiner Heimatstadt. In Berlin würde er auch keine Funktion haben, das war ihm bewusst, aber »man vermisst nichts dabei, im Gegenteil, man fühlt sich wie Rumpelstilz, während man die fremden Zeitungen liest«.[14]

Also ein Versuch mit Berlin. Frisch hat ihn vom ersten Tag an auch als literarisches Projekt gesehen und gestaltet – und erstmals ein Tagebuch nach seinem Entstehungsort benannt. Eintrag für Eintrag setzt sich ein Bild des Berliner Lebens zusammen, das sich zunächst an ganz konkreten wohnlichen Gegebenheiten, an Einrichtungen und Besorgungen festmacht. Bald schon wird eine reflexive Ebene eingezogen, wenn Frisch Begegnungen und

Begegenheiten aus seinem Alltag schildert. Meist belässt er es nicht beim bloßen Bericht, sondern gewinnt daraus allgemeine Einsichten. Beispielhaft lässt sich dies an seiner Analyse von Gesprächen beobachten, über deren Beteiligte und Inhalte man kaum etwas erfährt, dafür umso mehr über ihren grundlegenden Charakter: Gespräche, in denen nur Vorrätiges geredet wird, versus Gespräche, in denen die Lust aufkommt, überraschende Sätze zu bilden. Damit verbunden ist die Feststellung, dass bei Paaren der eine Partner sichtlich irritiert sein kann, wenn dem andern in Gesellschaft mehr einfällt als daheim, sprachlich und stofflich (S. 42). Es sind solche Analysen und Diagnosen, die den alltagsbezogenen Strang des *Berliner Journals* weit über das Episodische hinaus spannungs- und aufschlussreich machen. Andere Einträge sind literarisch so kunstvoll gestaltet, dass die Episode zur Parabel wird – etwa die Darstellung von Woyzeck als Maurer (S. 13 f.) –, wieder andere fallen durch ihren vergnügten und vergnüglichen Tonfall auf: beispielsweise die Schilderung, wie die Hoffnung, sich in Berlin wie Rumpelstilz zu fühlen, schon nach wenigen Tagen zunichte wird (S. 12 f.).

Zu den alltagsbezogenen Aufzeichnungen des Schriftstellers Max Frisch in Berlin gehört auch, dass er häufig auf seine mangelnde oder ungenügende literarische Produktion zu sprechen kommt (»ohne Arbeitsplan« u. Ä.). Das ist insofern erstaunlich, als er in der fraglichen Zeitspanne parallel an einer ganzen Reihe von Texten gearbeitet hat. Da ist zunächst die Erzählung, die anfangs *Regen*, später *Klima* hieß und schließlich (1979) als *Der Mensch erscheint im Holozän* veröffentlicht wurde: Frisch hat sich mit ihr sehr schwer getan, wie im *Berliner Journal* an mehreren Stellen deutlich wird. Kaum erwähnt dagegen wird das *Dienstbüchlein*, das er im Herbst 1973 schrieb. Und nicht zuletzt die große Rede *Die Schweiz als Heimat?*, gehalten Anfang 1974 in Zürich: Auch sie entstand in Berlin, doch berichtet Frisch weniger von seiner Arbeit daran als vielmehr von den Reaktionen darauf. Bezeichnend für die Klage über die angebliche Unproduktivität und das ständige Misslingen ist im *Berliner Journal* aber nicht, was sie verschweigt, sondern was sie paradoxerweise an großartigen poetischen Bildern hervorbringt, zum Beispiel im Eintrag vom 5. 5. 1973: »Der Wärter in einem Leuchtturm, der nicht mehr in Betrieb ist; er notiert sich die durchfahrenden Schiffe, da er nicht weiss, was sonst er tun soll.« (S. 121)

Der Satz liest sich wie die Keimzelle zu einer Erzählung im *Holozän*-Stil. Er gehört damit zugleich zu den in sich geschlossenen fiktionalen Texten, die den zweiten Strang des *Berliner Journals* bilden. Neben vielen sehr kurzen Texten finden sich längere, von denen zwei besonders hervorragen: Der eine handelt von dem Mann, der unschuldig in ein Gerichtsverfahren geraten ist und den wohlmeinenden Zeugenaussagen seines persönlichen Umfelds ausgesetzt wird (S. 65 f.). Sie entlasten ihn aber nur in einem juristischen Sinn und belasten ihn in seiner Selbstwahrnehmung so schwer, dass er am Ende aus grenzenloser Antipathie gegenüber sich selbst nicht mehr länger leben will. Der Text schlägt ein Lebensthema von Frisch an, nämlich die Frage der Bilder, die wir von anderen und andere sich von uns machen, und nimmt in seiner szenischen Anlage den *Blaubart* vorweg, den Frisch fast ein Jahrzehnt später (1982) als seine letzte Erzählung veröffentlichen wird. Dort ist die Thematik ausführlich entfaltet, im *Berliner Journal* hingegen erscheint sie in größtmöglicher Verdichtung – und gerade deshalb literarisch zwingender.

Der andere fiktionale Text beschreibt Zürich als geteilte Stadt (S. 113-117). Es ist ein aufregendes Experiment, die politische Topographie der neuen Wahlheimat auf die Heimatstadt zu übertragen. Frisch tut es selbstredend in genauester Ortskenntnis: Im Stile eines Cicerone führt sein Ich-Erzähler einen ausländischen Besucher durch die imaginäre Stadt, die bis in die Details der Realität entspricht – einfach mit dem Unterschied, dass mitten durch sie hindurch eine unüberwindliche Mauer verläuft. Die Folgen dieser Übertragung sind ungeheuer: Ausgerechnet das beschauliche Zürich wird zum Brennpunkt der geopolitischen Konfrontation. Wer die Stadt und ihre Umgebung kennt, wird auch die feinen Spitzen bemerken, die Frisch in seine Schilderung mischt: So liegen die Zonen der Reichen allesamt in Ost-Zürich – der Zürichberg und das rechte Zürichseeufer, die sogenannte Goldküste (wo Frisch zu der Zeit selber eine Wohnung besaß). Auch das Schauspielhaus, »ehedem ziemlich berühmt«, befindet sich in ungünstiger Lage: Von ihm »hört man jenseits der Limmat gar nichts mehr«. Immerhin soll es »noch immer in Betrieb sein«.

Der dritte Strang des *Berliner Journals* reiht eine ganze Serie von Porträts auf. Viele der wichtigsten Köpfe der deutschsprachigen Nachkriegsliteratur sind hier wie in einer Galerie versammelt: Alfred Andersch, Jurek Becker, Wolf Biermann, Hans Magnus Enzensberger, Günter Grass, Uwe Johnson, Günter Kunert, Kurt Marti, Christa Wolf und andere mehr. Manchmal werden die Porträts mit wenigen Strichen hingesetzt, manchmal sind sie voll ausgeführt – stets aber überaus präzise gearbeitet. Einige fallen liebevoller aus als andere, doch sind sie nie nach den persönlichen Sympathien Frischs entworfen, werden weder indiskret noch intim. Immer ist das Bemühen spürbar, der porträtierten Person in ihrer Vielschichtigkeit gerecht zu werden und sie nicht auf ein tendenziöses Bild festzulegen. Frisch erweist sich im *Berliner Journal* als Meister der literarischen Charakterstudie.

Der vierte Strang schließlich betrifft die DDR. Es ist schon auffallend: Frisch zog ins geteilte Berlin, scheint sich für den Westteil der Stadt aber kaum interessiert zu haben. Zumindest berichtet er im *Berliner Journal* sehr wenig über das dortige Leben. Ganz anders verhält es sich mit dem Ostteil der Stadt: Mit größter Neugier verfolgt er alles, was er davon zu hören und zu sehen bekommt. Kaum eingezogen in Berlin, hallt schon die Sprache der DDR aus dem Transistorradio durch die leere Wohnung und werden erste Übungen in Ost-Fernsehen gemacht. Bald bleibt es nicht bei der Wahrnehmung aus der Ferne: Frisch ergreift jede Gelegenheit, über die Mauer hinweg Kontakte zu knüpfen und sich von den Verhältnissen ›drüben‹ einen eigenen Eindruck zu verschaffen. Er achtet sehr genau auf die Tonfälle, die er vernimmt: die duckmäuserischen und die unverblümten, die offiziellen und die jovialen, die kritischen und die revolutionären. Was ihn zur DDR besonders hinzieht, ist sein Glaube, dass die Literatur dort ernst genommen werde: »Sie nehmen es nämlich ernst, das Geschriebene, ich bin schon ganz neu[gie]rig, wie man sich als Schriftsteller fühlt, wo Literatur ernstgenommen wird«[15], schreibt er an Jörg Steiner. Zu einer Lesung vor dem DDR-Schriftstellerverband hat er sich sogar quasi selbst eingeladen, um dabei die überraschende Erfahrung zu machen, dass sich der eigene Text in anderem Rahmen völlig verwandeln und unvermutet brisant werden kann – wie die Fragen aus dem berühmten Fragebogen Heimat: Uniformen und Heimat? Ideologie als Heimat? Zoo als Heimat? Haben Sie schon Auswanderung erwogen?

So fasziniert Frisch vom Osten war: Er hatte nichts vom naiven Romantizismus westlicher Linker der damaligen Zeit. Und er hatte den Vorteil, als Schweizer außerhalb deutsch-deutscher Befangenheiten zu stehen. Seine Haltung war fragend und zuhörend, sein Blick unbestechlich, sein Interesse echt und sein Urteil vorsichtig. In den Passagen über die DDR, die einen gewichtigen Teil des *Berliner Journals* ausmachen, zeigt sich die ganze politische Intelligenz von Max Frisch. Selten hat jemand das intellektuelle und ideologische Klima im real existierenden SED-Staat so durchdringend beobachtet und beschrieben wie er. Nicht zuletzt darin besteht die Einzigartigkeit seines *Berliner Journals*.

Thomas Strässle
Zürich, August 2013

1 Max Frisch/Uwe Johnson: *Der Briefwechsel 1964-1983*, hg. von Eberhard Fahlke, Frankfurt am Main: Suhrkamp, 1999, S. 225 f. (Brief vom 22. 9. 1980).

2 Ebd., S. 227 (Brief vom 26. 10. 1980). Dem Brief beigefügt war eine Vollmacht folgenden Wortlauts: »Herr UWE JOHN-SON, Schriftsteller, wohnhaft in Sheerness-on-Sea, England, ist hiermit berechtigt, die Fotokopie meines BERLIN JOUR-NALS, das er für mich bei Notar Kraetzer in Berlin hinterlegt hat, zu sich zu nehmen als sein Eigentum/unter der Vereinbarung, dass er den Text keinen Drittpersonen zu lesen gibt. Max Frisch« (ebd., S. 228). Die Fotokopie befindet sich heute im Max Frisch-Archiv an der ETH-Bibliothek, Zürich (– MFA).

3 Johnson schrieb an Frisch zurück: »Lieber Herr Frisch, seien Sie auf das schönste bedankt für Ihren Brief vom 26. Oktober, vor allem für die Erlaubnis, das Berlin Journal anzusehen. Zwar werde ich es nun in Berlin beim Notariat Kraetzer abholen, aber doch gehörig zögern vor und mit dem Aufschnüren. Denn hätte ich gewusst, dass Sie auch den Stiftungsräten dieses Gelände gesperrt haben, so wäre mir meine Anfrage kaum in die Finger gegangen. Ich sehe mich sitzen vor dem Paket, heikel gefangen in einem Zwiespalt.« (Ebd., S. 228 [Brief vom 31. 10. 1980])

4 »Ich bin auf Erfahrung sehr angewiesen.« Volker Hage im Gespräch mit Max Frisch, in: Volker Hage (Hg.): *Max Frisch. Sein Leben in Bildern und Texten*, Berlin: Suhrkamp, 2011, S. 222 f. Das Gespräch fand am 30. 8. 1981 in Frankfurt statt.

5 »Öffentliche letztwillige Verfügung« vom 8. 2. 1991, MFA.

6 Siehe Hage (wie Anm. 4), S. 232: »Ja, es gibt dieses Journal intime aus der Berliner Zeit, da habe ich über Politisches, aber auch sehr Privates geschrieben, meist in Krisenzeiten, dann wieder über Monate gar nichts.« (Gespräch vom 24./25. 9. 1982 in Zürich)

7 Max Frisch: *Gesammelte Werke in zeitlicher Folge*, hg. von Hans Mayer unter Mitwirkung von Walter Schmitz, 7 Bde., Frankfurt am Main: Suhrkamp, 1986, Bd. VI, S. 672.

8 Ebd., S. 671.

9 Ebd., S. 661.

10 Siehe ebd., S. 631.

11 Siehe ebd., S. 656 ff.

12 Zum Tagebuch als literarischer Form bei Frisch siehe auch das Nachwort Peter von Matts zu den *Entwürfen zu einem dritten Tagebuch*, Berlin: Suhrkamp, 2010, S. 185 ff.

13 Brief an Geoffrey Skelton, datiert »Berlin, 19. 2. 73 / Sarrazin Str. 8«, MFA.

14 »Zur privaten Situation«, datiert »Küsnacht, Nov. 1972«, MFA.

15 Brief an Jörg Steiner, datiert »Berlin, 7. 5. 73«, MFA.

Max Frisch am Schreibtisch in seiner Berliner Wohnung, um 1973. © Renate von Mangoldt

Max Frisch auf dem Balkon seiner Wohnung in der Berliner
Sarrazinstraße, um 1973. © Renate von Mangoldt

Berlin: Gefühl vom Vakuum, die weiten
Strassen, es ist angenehm mit dem
Wagen zu fahren; steigt man aus,
um zufuss zu gehen, so hat man überall das Gefühl, hier findet Berlin
nicht statt. Trotz ihrer Breite sind
es lauter Nebenstrassen, die nicht
einmal in ein Zentrum führen, allenfalls in Bezirke mit grösserem
Schick; Banken und Restaurants
(international) machen kein Zentrum.
Akademie der Künste und andere
Wiederbelebungsversuche, es wird
etwas unternommen, alles etwas
vorsätzlich gegen das Verschwinden
aus der Geschichte.

Seit ich die Notizen, die anfallen,
im ein Ringheft einlege, merke ich
schon meine Scham; ein Zeichen,
dass ich beim Schreiben schon an
dem öffentlichen Leser denke,
gleichviel wann es dazu kommen
könnte. Und mit der Scham gleichzeitig auch die Rücksicht auf
andere, die auch tückisch sein
kann, verhohlen, vorallem doch
wieder ein Selbstschutz; ich
schreibe nicht: Paul ist ein
Arschloch. Punkt. Damit wäre
ich ja ungerecht.

—

Gelegentlich wundere ich mich,
dass ich 62 werde. Kein körperliches
Gefühl davon, dass es in wenigen
Jahren zu Ende ist. Wie bei einem
Blick auf die Uhr: So spät ist
es schon ?

———

Nachlassen der Erfindungskraft, aber
gleichzeitig kommt etwas hinzu, was
nicht ohne weiteres eine Folge des
Nachlassens ist: ein geschichtliches
Interesse an der eignen Biographie
und an der Biographie andrer, die
man zu kennen gemeint hat, ein
Interesse an der Faktizität, die
ich bisher nur als Material missbraucht habe, nämlich willkürlich
gesehen oder nicht gesehen, in Literatur
verdrängt.

Faksimiles einiger Einträge aus Heft 1 des *Berliner Journals*

Herausgeberbericht

Beschaffenheit des Konvoluts

Der Safe mit den versiegelten Nachlassbeständen von Max
Frisch enthielt eine Archivschachtel aus Karton (versiegelt am
15. 9. 1980), auf der Frisch handschriftlich vermerkt hat:

BERLIN-JOURNAL
1973-1980
SPERRFRIST: ZWANZIG JAHRE
Max Frisch
31. 3. 1980

Rechts oben auf der Schachtel findet sich ein Aufkleber mit
dem maschinengeschriebenen Hinweis:

Gesperrt bis 31. März 2011.
Gemäss Anordnung Max Frisch.

In der Schachtel aufbewahrt waren fünf Ringbücher vom For-
mat A 5 (Hefte 1, 2, 4 und 5 europäisch, Heft 3 amerikanisch).
Sie sind von unterschiedlicher Farbe (grün, blau und schwarz),
plastifiziert und durchnummeriert nach HEFT 1, HEFT 2,
HEFT 3, HEFT 4; nur Heft 5 trägt die Aufschrift: »BERLIN
JOURNAL‹ // 1978 / 1979 / 1980 // SCHLUSS.«
HEFT 1 ist durchgehend maschinengeschrieben und weist
keine Unterteilungen auf. HEFT 2 ist ebenfalls maschinengeschrieben und enthält einen längeren Einschub mit dem Titel
»BERZONA SOMMER 73 / (SABLES D'OR.)«, der durch Ein-
legeblätter von den übrigen Seiten abgetrennt ist (in der vorliegenden Ausgabe bei S. 155). Ab HEFT 3 wird das Konvolut
materiell deutlich heterogener: Nach maschinengeschriebenen
Teilen sind am Ende von HEFT 3 eine Briefkopie plus die hand-
geschriebene Agenda des New-York-Aufenthalts von 1974 lose
beigelegt; die letzten Seiten sind handschriftliche Notizen. Auch

in HEFT 4 ist eine Briefkopie lose eingefügt; das Verhältnis zwischen maschinengeschriebenen Passagen und handschriftlichen Notizen beträgt ungefähr 1:2; die Notizen selbst haben unterschiedliche Formate und sind meist eingelegt, teilweise angeheftet. HEFT 5 schließlich enthält in einem unbeschrifteten, offenen Briefumschlag Notizhefte unterschiedlichsten Formats, alle mit handschriftlichen Eintragungen; danach finden sich maschinengeschriebene Partien, in die an einer Stelle handschriftliche Notizen eingelegt sind; es folgt ein versiegelter Briefumschlag mit der Aufschrift »Privat-Tagebuch 1977«, der wiederum diverse Briefumschläge mit ungeordneten handschriftlichen und auch maschinengeschriebenen Notizen beinhaltet (in einem der Umschläge steckt sogar ein Schlüsselchen, dessen Schloss nicht eruiert werden konnte); in einem weiteren Briefumschlag mit der Aufschrift »ABSCHLUSS DES ›BERLIN JOURNALS.‹ 30. 3. 1980« liegt neuerlich eine Briefkopie; den Abschluss bilden einige handschriftliche Blätter mit Überlegungen zum Stück *Andorra*, überschrieben mit »Andorra. 1961«.

Eingriffe in den Text

Bei den hier publizierten Typoskripten aus den ersten beiden Heften handelt es sich offenkundig um Reinschriften Max Frischs. Die Blätter sind nicht paginiert, aber oft datiert und werden in der Reihenfolge abgedruckt, in der Frisch sie in die Ringbücher eingeordnet hat. Die Texte sind so sorgfältig gearbeitet, dass für deren Edition nur wenige Eingriffe nötig waren.

Handschriftliche Korrekturen Frischs im Typoskript wurden übernommen. Eigenheiten seiner Schreibung wurden so weit als möglich bewahrt, wie zum Beispiel »nachhause« (S. 23 und 94), »nachwievor« (S. 28), »zufuss« (S. 34 und 145) oder »Jahre lang« (S. 75). Unzweideutige orthographische Schreib- bzw. Tippfehler wurden stillschweigend berichtigt. Zahlenmäßig fallen diese Emendationen sehr gering aus. Häufig sind es Eigennamen oder Fremdwörter, die falsch geschrieben sind. Als Beispiele seien genannt:

S. 14: »Woyzek« zu »Woyzeck«
S. 15: »Einkaufe« zu »Einkäufe«
S. 20: »Hepathitis« zu »Hepatitis« (auch auf S. 109)
S. 24: »Franz Joseph Strauss« zu »Franz Josef Strauss«
(auch auf S. 159)
S. 28: »EPHRAIM« zu »EFRAIM«
S. 29: »Anthipathie« zu »Antipathie«
S. 35: »mittelllos« und »mittelos« zu »mittellos«
S. 41: »unfähr« zu »ungefähr«
S. 44: »Entertainement« zu »Entertainment«
S. 49: »beiläugigen« zu »beiläufigen«
S. 60: »Schaffot« zu »Schafott«
S. 61: »Katherina« zu »Katharina«
S. 70: »Istambul« zu »Istanbul«
S. 78: »Schnurbart« zu »Schnurrbart«
S. 86: »Manfrad« zu »Manfred«
S. 90: »Plensdorf« zu »Plenzdorf« (auch auf S. 91 und 145)
S. 90: »Lakmus-Papier« zu »Lackmus-Papier«
S. 93: »Gebhard« zu »Gerhard«
S. 95: »Brigthon« zu »Brighton«
S. 97: »Micheal« zu »Michael«
S. 98: »Homo Faber« zu »Homo faber«
S. 104: »Misstände« zu »Missstände«
S. 106: »Orstangabe« zu »Ortsangabe«
S. 113: »Imminzu« zu »immerzu«
S. 115: »Tingely« zu »Tinguely«
S. 127: »agressiv« zu »aggressiv«
S. 132: »rhethorisches« zu »rhetorisches«
S. 135: »allerei« zu »allerlei«
S. 135: »Dilletantismus« zu »Dilettantismus«
S. 140: »Ausscrungen« zu »Äusserungen«
S. 143: »gelockter« zu »gelockerter«
S. 151: »Checkpoint Charly« zu »Checkpoint Charlie«
S. 154: »Dedektiv« zu »Detektiv«
S. 154: »Hepathisis« zu »Hepatitis«
S. 161: »Gehart« zu »Gerhard«
S. 165: »Errektion« zu »Erektion«

S. 167: »Vollweise« zu »Vollwaise«

S. 169: »Acadamy of Art and Letters« zu »Academy of Arts and Letters«

S. 170: »Beleidigheit« zu »Beleidigtheit«

S. 170: »Ruedi« zu »Rüedi«

S. 170: »projorative« zu »pejorative«

An einigen Stellen mussten grammatische Versehen berichtigt werden:

S. 31: »eine persönlichen Brief« zu »einen persönlichen Brief«

S. 53: »den eignen Produkte gegenüber« zu »den eignen Produkten gegenüber«

S. 72: »zu diesen Staat« zu »zu diesem Staat«

S. 91: »nach den Westen« zu »nach dem Westen«

S. 108: »Diese schriftliche Anstrengungen« zu »Diese schriftlichen Anstrengungen«

S. 121: »die durchfahrende Schiffe« zu »die durchfahrenden Schiffe«

S. 125: »was unseren Gespräch zu gut kommt« zu »was unserem Gespräch zu gut kommt«

S. 128: »das frühen Zwitschern« zu »das frühe Zwitschern«

S. 156: »im dem Text« zu »in dem Text«

S. 159: »Abnahme seine öffentlichen Präsenz« zu »Abnahme seiner öffentlichen Präsenz«

S. 159: »Der Ehrgeiz, in den Zeitung auf der ersten Seite (Politik) zu erscheinen«: Dies ist der einzige zweideutige Fall (»in der Zeitung«/»in den Zeitungen«); der Herausgeber entschied sich für die geringfügigste Anpassung: »Der Ehrgeiz, in der Zeitung auf der ersten Seite (Politik) zu erscheinen«.

S. 161: »abzuspielen will« zu »abspielen will«

Fehlende oder überzählige Wörter wurden konjektural ergänzt bzw. ersetzt und mit eckigen Klammern markiert:

S. 12 f.: »Dasselbe in einem Lampengeschäft, wobei [ich] immer den Namen umgekehrt angebe«

S. 50: »er repräsentiert BRD als als irgendein andrer« zu »er repräsentiert BRD [mehr] als irgendein andrer«

S. 82: »Dass mir einiges auf die Nerven [geht], ist meine Sache«

S. 87: »das obligatorische Russisch nach nach 8 Schuljahren niemand recht« zu »das obligatorische Russisch [kann] nach 8 Schuljahren niemand recht«

S. 103: »Was entscheidet, wer entscheidet und mit dem Anspruch, im Namen der unbefragten Arbeiterklasse zu herrschen, unbedingt Recht hat?« zu »Was entscheidet, wer entscheidet und mit dem Anspruch, im Namen der unbefragten Arbeiterklasse zu herrschen, unbedingt Recht [zu haben]?«

An einer Stelle wurde ein Wort aus grammatischen Gründen gestrichen:

S. 144: »Biermann findet, dass der Mann, der seine Freundin entlassen hat, weil sie mit Biermann lebt, könne warten, das Schwein.« zu »Biermann findet, der Mann, der seine Freundin entlassen hat, weil sie mit Biermann lebt, könne warten, das Schwein.«

Die Streichungen, die Frisch selbst von Hand im Typoskript gemacht hat, wurden im edierten Text ohne Nachweis befolgt, seien aber hier angeführt:

S. 20: »nach dem Schlaf holte ich den Zettel aus der Schublade, um zu wissen, was ich im Morgengrauen für ~~eine~~ Erkenntnis gehalten habe«

S. 55: »Nur über Grenzen mit Zensur, so scheint es, fällt uns ~~so~~ vieles ein, was zu sagen wäre.«

S. 59: »Wir haben angefangen zu wohnen, ~~so oder so~~, wir sind schon gewohnt.«

S. 82: »~~Grau, grau.~~ Es fängt ~~damit~~ an, dass ich einen Kinderbesuch schwer ertrage«

S. 113: »Neulich mit einem ausländischen Gast habe ich einmal die ganze Grenze abgeschritten, ~~zum ersten Mal, glaube
ich,~~ von Seebach bis Kilchberg«

Die unterschiedlichen Schreibweisen »sovietisch« und »sovje-
tisch« wurden zu »sowjetisch« vereinheitlicht (und entsprechend
»Tschechoslovakei« zu »Tschechoslowakei« sowie »Jugoslavien«
zu »Jugoslawien«).

Die Zeichensetzung blieb nahezu unverändert. Nur wo es
sich um offensichtliche Versehen handelt (fehlender Punkt,
Komma statt Punkt bei Datumsangaben, zwei Satzzeichen unmittelbar hintereinander u. Ä.), wurden diese verbessert. In den
wenigen Fällen, die nicht regelkonform sind, wurde Frischs Zeichensetzung beibehalten, da eine stilistische Intention in satz-
rhythmischer Hinsicht nicht ausgeschlossen werden kann.

Auslassungen

Sämtliche Auslassungen erfolgten aus persönlichkeitsrechtlichen Gründen. Literarische Gesichtspunkte waren dafür nicht
ausschlaggebend. Immer handelt es sich bei den ausgelasse-
nen Passagen um in sich geschlossene Texte. In die Textstücke
selbst wurde nicht eingegriffen.

Die Auslassungen sind mit […] markiert. Um Transparenz
herzustellen bezüglich ihres Umfangs, seien sie in ihrer Länge
aufgelistet. Die Angaben beziehen sich nicht auf den Seitenspiegel der vorliegenden Druckausgabe, sondern auf den un-
gleich großzügiger bemessenen Seitenspiegel des Originaltypo-
skripts. Über dessen Dimensionen orientieren die Faksimiles
auf den Seiten 195-198.

S. 14: 5 Seiten
S. 15: 4 Seiten
S. 40: knapp 2 Seiten
S. 43: 1,5 Seiten
S. 44: 1 Seite

S. 86: 4 Zeilen
S. 92: 3 Seiten
S. 95: 9 Zeilen
S. 109: 4 Seiten
S. 118: knapp 1 Seite
S. 123: 7 Seiten
S. 126: 1 Zeile
S. 137: 1 Seite
S. 155: 31 Seiten. Hierbei handelt es sich um einen Einschub, den Max Frisch vom übrigen Typoskript abgesetzt hat und der insofern nicht zum *Berliner Journal* im engeren Sinne gehört; den Beginn des Einschubs markiert ein kartoniertes Einlegeblatt, auf dem »BERZONA SOMMER 73 / (<u>SABLES D'OR.</u>)« steht, sein Ende ein Blatt mit dem Vermerk »Fortsetzung BERLINER JOURNAL (privat.)«.
S. 156: 3 Seiten
S. 163: 3 Seiten
S. 169: knapp 1 Seite
S. 170: 1 Seite

Stiftungsratsbeschluss

Nach der Sichtung des gesamten Konvoluts und der Abklärung der rechtlichen Lage erteilte der Stiftungsrat der Max Frisch-Stiftung dem Herausgeber den Auftrag, eine publikationsfähige Textfassung herzustellen. Auf deren Grundlage beschloss der Stiftungsrat im Januar 2013 einstimmig die Veröffentlichung des *Berliner Journals* in der vorliegenden Form.

Anmerkungen

S. 9 *Übernahme der Wohnung (Sarrazin Strasse 8):* 1972 kaufte Max Frisch eine Wohnung in Berlin-Friedenau, die im Februar 1973 bezogen wurde. Friedenau war zu jener Zeit bei Schriftstellern sehr beliebt: In der Nachbarschaft wohnten unter anderem Hans Magnus Enzensberger, Günter Grass, Lars Gustafsson, Uwe Johnson und Christoph Meckel. Rückblickend hielt Frisch 1982 in einem Gespräch mit Volker Hage fest: »Wir haben die Wohnung in Berlin-Friedenau damals auch genommen, weil Grass und Johnson in der Gegend wohnten.« (*»Ich bin auf Erfahrung sehr angewiesen.« Volker Hage im Gespräch mit Max Frisch*, in: Volker Hage [Hg.]: *Max Frisch. Sein Leben in Bildern und Texten*, Berlin: Suhrkamp, 2011, S. 235)

S. 11 *Anna Grass:* Die Schweizer Tänzerin Anna Grass geb. Schwarz (*1932) war von 1954 bis 1978 die erste Ehefrau von Günter Grass (*1927).

S. 11 *Uwe Johnson:* Frisch und Johnson (1934-1984) kannten sich seit 1962. Johnson war als Stipendiat der Villa Massimo nach Rom gekommen, wo Frisch seit 1960 mit Ingeborg Bachmann (1926-1973) lebte.

S. 11 *M. findet einen schönen Tisch antik:* Mit M. ist hier und im Folgenden Marianne Frisch geb. Oellers (*1939) gemeint, mit der Max Frisch von 1968 bis 1979 verheiratet war.

S. 12 *Elisabeth Johnson:* Elisabeth Johnson geb. Schmidt (*1935) heiratete Uwe Johnson 1962 nach ihrer Flucht aus der DDR. 1978 erfolgte die Trennung.

S. 13 *Ein Maurer, der wie Barlog spricht:* Boleslaw Barlog (1906-1999) war Regisseur und langjähriger Intendant des Schlosspark Theaters und des Schiller Theaters in Berlin. In seiner Ära wurden etliche Stücke von Frisch (ur-)aufgeführt, u. a. *Don Juan oder Die Liebe zur Geometrie* (1953) und *Graf Öderland* (1961).

S. 14 *Er ist immer so gehetzt, Woyzeck als Maurer:* Siehe den Ausspruch des Hauptmanns in der Rasierszene bei Georg Büchner: »Woyzeck er sieht immer so verhetzt aus« (*Marburger Ausgabe*, Bd. 7.2, S. 25).

S. 15 *Erste Einkäufe auf dem Wochenmarkt:* Siehe auch die verdichtete Schilderung des Berliner Alltags in *Montauk* (Max Frisch: *Gesammelte Werke in zeitlicher Folge*, hg. von Hans Mayer unter Mitwirkung von Walter Schmitz, 7 Bde., Frankfurt am Main: Suhrkamp, 1986 [im Folgenden zitiert als GW], VI, S. 671 f.).

S. 17 *Sarrazin, dessen Name diese Strasse trägt:* Die Straße in Berlin-Friedenau ist nach dem Bauingenieur Otto Sarrazin (1842-1921) benannt, der sich nebenberuflich mit der Sprachpflege befasste. Er hat ein *Verdeutschungs-Wörterbuch* (1886) geschrieben und war Vorsitzender des Allgemeinen Deutschen Sprachvereins.

S. 18 *Proben im Theater mit Caspar Neher, Hanne Hiob, Ernst Schröder, Tilla Durieux und vielen andern (die Kortner-Inszenierung und die Schweikart-Inszenierung habe ich seinerzeit nicht gesehen):* Vermutlich hat Frisch die Proben zur Inszenierung seiner *Chinesischen Mauer* 1955 im Theater am Kurfürstendamm vor Augen (Uraufführung der zweiten Fassung). – Fritz Kortner (1892-1970) und Hans Schweikart (1895-1975) inszenierten verschiedentlich Stücke von Frisch, auch in Berlin. Kortner führte Regie bei *Andorra* 1962 am Schiller Theater (und bereits bei *Graf Öderland* 1956 an den Städtischen Bühnen Frankfurt), Schweikart bei *Biografie: Ein Spiel* 1968 am Schlosspark Theater (und bereits bei *Andorra* 1962 an den Münchner Kammerspielen).

S. 18 *und Ehebrüche:* Die Bemerkung könnte sich auf die Affäre mit Margot Schaake 1947 beziehen. Beide waren zum Zeitpunkt ihrer Affäre verheiratet.

S. 18 *es ist ungefähr das siebente Mal, dass M. und ich eine Küche einrichten:* 1. Rom, Via de Notaris 1 F (1962); 2. Rom, Via Margutta 53 B (1963); 3. ebenda, Atelierwohnung in einem oberen Stockwerk (1963); 4. Berzona, Tessin (1965); 5. Lochergut, Zürich (1966); 6. Birkenweg 8, Küsnacht (1968); 7. Sarrazinstraße 8, West-Berlin (1973).

S. 20 *1959 im Kreisspital Männedorf (Hepatitis):* Auch in *Montauk* findet sich eine Schilderung des Krankenhausaufenthalts, zu dem Frisch im Frühsommer 1959 wegen einer schweren Hepatitis-Erkrankung gezwungen war (siehe GW VI, S. 712 f.).

Von daher rührte seine anhaltende Sorge um das Gehirn und das Gedächtnis, wie sie auch im *Berliner Journal* zum Ausdruck kommt (siehe S. 88 und 154).

S. 20 *Ein paar Jahre später, in Rom, erklärte mir Ingeborg Bachmann:* In *Montauk* wird der Vorfall ebenfalls erwähnt (siehe GW VI, S. 717). Auf die Frage, was denn in dem von Ingeborg Bachmann vernichteten Tagebuch gestanden habe und wie umfangreich es gewesen sei, antwortete Frisch 1982 im Gespräch mit Volker Hage: »Das wüsste ich nicht genau zu sagen. Es betraf nur das Frühjahr 1959, ich habe es hauptsächlich im Krankenhaus geschrieben, unter Beschädigungen, unter Infusionen. Aber es war ganz sicher ein Tagebuch, das sich ausschließlich um die Beziehung drehte. Ich hätte es wahrscheinlich auch selbst vernichtet, obschon natürlich die Frage bleibt, ob sie das Recht dazu hatte. Ich will das jetzt gar nicht hochspielen. Es ist ja kein Tagebuch über acht Jahre gewesen. Es ging um die vermeintlich letzte Zeit, die wir miteinander hatten. Wir sind dann aber wieder zusammengekommen. Ich hoffe, dass sie es wirklich vernichtet hat, dass es nicht irgendwo in ihrem Archiv liegt. Ich habe die Vernichtung ja nicht mit eigenen Augen gesehen. Sie hat es mir erzählt. Das Vernichten war ein Zornesakt, unverhältnismäßig, aber emotional verständlich. Ich glaube es ihr. Alles andere wäre eine gezielte Bösartigkeit.« (»*Ich bin auf Erfahrung sehr angewiesen*«, S. 232)

S. 22 *Jürgen Gruner, Leiter von VOLK UND WELT:* Jürgen Gruner (*1930) war von 1970 bis 1991 Leiter des Verlags Volk und Welt in der Berliner Glinkastraße, der wichtigsten Adresse für internationale belletristische Literatur in der DDR.

S. 22 *Der Verlag bringt jetzt HOMO FABER, aber STILLER noch immer nicht:* Seit 1961 hatte es bei Volk und Welt Pläne für eine Ausgabe von *Stiller* gegeben, doch konnte der Roman nach Protesten aus dem Zentralkomitee der SED erst 1975 veröffentlicht werden; die Gründe für die Schwierigkeiten lagen nicht nur im Text von Frisch, sondern auch in der Person des Nachwort-Verfassers Hans Mayer (1907-2001), der 1963 nach einem Besuch im Westen nicht in die DDR zurückgekehrt war. *Homo faber* durfte bereits 1973 erscheinen.

S. 22 *Wider Erwarten prüfen sie doch, ob das TAGEBUCH 1966-1971 für die DDR möglich wäre:* Frischs Tagebücher waren in der DDR lange Zeit unpublizierbar. Dass das *Tagebuch 1946-1949* im Jahr 1987 veröffentlicht werden konnte, war ein später und unverhoffter Erfolg des Verlags Volk und Welt. Das Projekt einer integralen Ausgabe des *Tagebuchs 1966-1971* hingegen ließ sich zu DDR-Zeiten nicht mehr verwirklichen. Problematisch waren insbesondere die Notizen aus der UdSSR, in denen Frisch von seinen beiden Reisen in die Sowjetunion 1966 und 1968 berichtet (siehe GW VI, S. 38-41 und 141-155).

S. 23 *Sein Brief heute: »mit richtig grosser Freude erfahre ich soeben –«:* Im Schreiben von Jürgen Gruner an Max Frisch vom 13. 2. 1973 heißt es: »Sehr geehrter Herr Frisch, mit richtig großer Freude erfahre ich soeben über Elisabeth Borchers, daß Sie nun in geographischer Verlagsnähe gelandet sind, und daß es auch schon eine Reiseabsicht zur Leipziger Messe gibt.« Das Original des Briefes befindet sich im Max Frisch-Archiv an der ETH-Bibliothek, Zürich (im Folgenden MFA).

S. 24 *ein Jaguar* (siehe auch S. 37)*:* Max Frisch besaß einen Jaguar 420, Baujahr 1967. Im November 1990 schenkte er ihn Volker Schlöndorff zum Dank für dessen Verfilmung von *Homo faber;* die Übergabe des Wagens am Stadelhofen in Zürich ist fotografisch dokumentiert. – In *Montauk* heißt es einmal: »nur in Träumen kommt es vor, daß ich den Wagen nicht mehr finden kann« (GW VI, S. 651).

S. 24 *Walter Höllerer:* Frisch war mit dem Literaturwissenschaftler, Kritiker und Schriftsteller Walter Höllerer (1922-2003) befreundet und Patenonkel von dessen Sohn Florian. Höllerer seinerseits war Trauzeuge bei der Hochzeit von Marianne und Max Frisch.

S. 24 *Uwe Johnson, damals sehr jung in seiner Lederjacke, bei einem Bier auf einem nächtlichen Platz in Spoleto (Festspiele):* Siehe auch die Stelle in *Montauk* (GW VI, S. 656). Das »Festival dei Due Mondi« im umbrischen Spoleto mit Oper, Theater, Tanz und Musik wurde 1958 gegründet und findet jeweils im Juni/Juli statt. Frisch und Johnson besuchten es im Jahr 1962.

S. 25 *Karl Schmid (UNBEHAGEN IM KLEINSTAAT)* (siehe

auch S. 120 und 158): Karl Schmid (1907-1974) war Professor für Deutsche Sprache und Literatur an der ETH Zürich und zeitweise deren Rektor. In seinem 1963 erschienenen Buch *Unbehagen im Kleinstaat* führte er an Conrad Ferdinand Meyer, Henri-Frédéric Amiel, Jakob Schaffner, Max Frisch und Jacob Burckhardt vor, dass das Verlangen nach nationaler, geschichtlicher und kultureller Größe eine zentrifugale Grundströmung des literarischen Schaffens in einem Kleinstaat wie der Schweiz darstelle. Frisch sah er in einem programmatischen Widerspruch zu seiner Heimat: im »Widerspruch zwischen dem Willen nach offener Weite und der imperativen Enge« (Karl Schmid: *Unbehagen im Kleinstaat*, Zürich/München: Artemis, 1963, S. 174).

S. 27 *WUNSCHLOSES UNGLÜCK von Peter Handke:* Die Erzählung erschien 1972 im Salzburger Residenz Verlag (siehe auch die Bemerkung in *Montauk*, GW VI, S. 722).

S. 28 *Alfred Andersch:* Frisch und Andersch (1914-1980) begegneten sich zum ersten Mal 1957 im Café Odeon in Zürich und freundeten sich 1962 in Rom an. Auf einen Hinweis Anderschs kaufte Frisch 1964 ein Haus in Berzona im Tessiner Valle Onsernone, wo Andersch seit 1958 lebte. Frisch und Andersch verband eine wechselvolle Freundschaft.

S. 28 *Als ich EFRAIM im Manuskript gelesen hatte:* Das Original des Lektoratsberichts zu *Efraim* (1967) befindet sich im Andersch-Nachlass im Deutschen Literaturarchiv Marbach. Im MFA gibt es eine Kopie davon.

S. 29 *Einmal sagte er von seinem Verleger:* 1967 wechselte Andersch mit *Efraim* vom Walter Verlag in Olten zum Diogenes Verlag in Zürich. Sein dortiger Verleger war Daniel Keel (1930-2011).

S. 30 *Gisela Andersch:* Andersch hatte die Malerin Gisela Groneuer geb. Dichgans (1913-1987) 1940 kennengelernt und 1950 geheiratet.

S. 30 f. *ob mir ein deutsches Bundesverdienstkreuz genehm sein würde:* Im MFA finden sich keine Archivalien zu einem angetragenen Bundesverdienstkreuz. Nur in einem undatierten Briefentwurf an Andersch, in dem Frisch sich mit der Frage beschäftigt, weshalb dieser wohl die schweizerische Staatsbürgerschaft angenommen habe, fällt eine Bemerkung dazu: »Dass ich mich hier [in der Schweiz, TS] so heimisch nicht fühle, weisst du; auch dass ich andersherum einen deutschen Orden anzunehmen mich nicht habe entschliessen können. Warum eigentlich nicht? Dein Entschluss beschäftigt mich. Hermann Hesse wurde schweizerischer Staatsbürger, Klee wollte es werden; das sind ehrenwerte Gefährten von dir. Was eigentlich beschäftigt mich? Vielleicht nur[,] dass ich es nicht von dir gehört habe; natürlich hätte ich gefragt: Warum?« Das Original des Briefentwurfs befindet sich im MFA.

S. 31 *Man kennt die politische Biographie von Alfred Andersch:* Seine Sicht auf Andersch als politischen Zeitgenossen und Autor vor dem Hintergrund seiner Biographie hat Frisch 1979 in einer *Laudatio auf Alfred Andersch* näher geschildert. Darin kommt er auch auf dessen Annahme der schweizerischen Staatsbürgerschaft und auf die Nachbarschaft in Berzona zu sprechen. Gehalten wurde die Rede bei einem Abendessen, das der Zürcher Stadtrat im Muraltengut anlässlich des 65. Geburtstags von Andersch gab (siehe GW VII, S. 42-52).

S. 31 *Im Oktober 1971 schickte ich ihm einen Text für mein Tagebuch:* Frisch hatte ein Andersch-Porträt geschrieben, das er in sein *Tagebuch 1966-1971* aufnehmen wollte. Als er Andersch den fertigen Text zur Lektüre schickte, zeigte sich dieser verletzt, bat aber nur um eine einzige Änderung. In seinem Brief vom 7. 12. 1971 schrieb er: »Lieber Max, wenn Du mir einen persönlichen Gefallen tun willst, so streiche bitte aus Deinem Manuskript den Satz: ›Er schätzt die Schweiz; sie beschäftigt ihn nicht.‹ In meiner Lage hat dieser Satz, von dem grössten Schriftsteller der Schweiz, dem die meisten Leute bedingungslos glauben, veröffentlicht, eine verheerende Wirkung. Er diffamiert. Er stimmt ausserdem nicht: Ich liebe die Schweiz, und sie beschäftigt mich sehr.« Betroffen über Anderschs Reaktion entschied Frisch, nicht bloß den monierten Satz, sondern gleich das ganze Porträt aus der Publikation des Tagebuchs zu streichen. – Sowohl die Briefe von Andersch und Frisch (in Kopie) als auch das verworfene Porträt sind im MFA vorhanden.

S. 31 *Sein Brief, nach New York:* Im Frühjahr 1971 und im Winter 1971/72 hielt sich Frisch längere Zeit in New York auf.

S. 32 *»Jeder deiner Sätze ist eine Falschmeldung«:* Der Satz aus Anderschs Brief, von Frisch aus dem Gedächtnis zitiert, lautet: »Jeder Deiner ach so höflichen Sätze enthält eine falsche Nachricht.«

S. 32 *Von der PARTISAN REVIEW eingeladen, eine Anthologie deutschsprachiger Literatur heute zusammenzustellen:* Die amerikanische *Partisan Review* war eine vierteljährlich erscheinende, politisch dezidiert linksgerichtete Literaturzeitschrift, die viele nachmals berühmte Texte herausbrachte (zum Beispiel Susan Sontags *Notes on »Camp«*). 1971 wurden die Frischs von William Phillips, dem Mitbegründer und langjährigen Herausgeber der Zeitschrift, eingeladen, eine Ausgabe über aktuelle deutschsprachige Literatur in Ost und West zu machen. Obwohl bereits etliche Autorinnen und Autoren mit der Bitte um Texte zur Erstveröffentlichung angeschrieben worden waren, kam das Heft nie zustande.

S. 35 *Lektüre: Christa Wolf LESEN UND SCHREIBEN:* Der Essay selbst stammt von 1968, die gleichnamige Sammlung erschien, nach längeren Querelen um die Druckgenehmigung, 1972 im Aufbau Verlag (Ost) und bei Luchterhand (West).

S. 36 *Schwester Emmy:* Max Frisch hatte zwei Geschwister: den acht Jahre älteren Bruder Franz (1903-1978) und die Halbschwester Emma Elisabeth Wohlwend geb. Frisch (1899-1972). Sie stammte aus der ersten Ehe des Vaters; ihre Mutter Emma Böni starb kurz nach der Geburt. Frisch hat nie über seine Halbschwester geschrieben. In *Montauk* heißt es: »Im vergangenen Jahr ist meine Schwester gestorben. Ich bin betroffen gewesen, wieviel ich von ihr weiß; nichts davon habe ich je geschrieben.« (GW VI, S. 720)

S. 40 *Meistens weckt mich der Fluglärm um sieben Uhr:* Zum Berliner Fluglärm siehe auch GW VI, S. 724 f.

S. 41 *unsere Broschüre damals, 1955:* Zusammen mit dem Soziologen und Ökonomen Lucius Burckhardt und dem Historiker Markus Kutter veröffentlichte der Architekt Max Frisch

1955 die Schrift *achtung: die Schweiz. Ein Gespräch über unsere Lage und ein Vorschlag zur Tat.* Der Vorschlag bestand darin, aus Anlass der für 1964 geplanten Landesausstellung »eine Musterstadt oder Versuchsstadt aufzustellen, die Gelegenheit bietet, alle lebenswichtigen Probleme unserer Existenz gemäß den neuesten Erkenntnissen in Angriff zu nehmen« (GW III, S. 318). In der hinteren Umschlagklappe der Broschüre fand sich eine Antwortkarte mit der Einladung an die Leserschaft, zum Vorschlag Stellung zu beziehen. – Das Echo war riesig. Im darauffolgenden Jahr präzisierten die Autoren ihre Ideen in der Schrift *Die neue Stadt. Beiträge zur Diskussion.*

S. 43 *Günter Eich am 16.12.1972 auf dem Sterbebett:* Siehe auch den abweichenden Wortlaut dieses Zitats in den *Entwürfen zu einem dritten Tagebuch:* »ICH MÖCHTE NUR NOCH SPIELEN« (S. 26).

S. 45 *Lektüre: BERTOLT BRECHT ARBEITSJOURNAL 1938-1955* (siehe auch S. 48 und 80)*:* Der nachgelassene Text erschien zum 75. Geburtstag von Brecht Anfang 1973 im Suhrkamp Verlag, in zwei Bänden und einem Anmerkungsband, hg. von Werner Hecht.

S. 45 *Arbeit: KABUSCH:* Die Figur Kabusch taucht bereits in zwei Texten im *Tagebuch 1966-1971* auf (siehe GW VI, S. 258-260 und 263-271). Der Dialog, den Frisch im *Berliner Journal* erwähnt, hat sich entweder nicht erhalten oder ist nicht über ein Anfangsstadium hinausgekommen. Im MFA finden sich lediglich ein undatiertes Typoskript *KABUSCH* (3 Blätter) mit handschriftlichen Korrekturen von Frisch und dem Vermerk »Handbuch« samt Fragezeichen auf der ersten Seite sowie ein Spiralheft vom Format A6, ebenfalls undatiert; darin stehen unter der Überschrift *KABUSCH* nur wenige, aber dialogisch angeordnete Sätze. – In Frischs Agenda von 1973 steht für die Kalenderwoche 8 »Arbeit. (Kabusch)« und für die Kalenderwoche 9 »Arbeit: Kabusch«.

S. 45 *Ausstellung: Oskar Schlemmer:* Oskar Schlemmer, *Aquarelle und Handzeichnungen,* 31. 1. - 19. 3. 1973, Nationalgalerie Berlin, Staatliche Museen Preußischer Kulturbesitz.

S. 46 *Links, Lektor:* Das MFA verfügt über einen umfangreichen Briefwechsel zwischen Roland Links (*1931) und Max Frisch.

S. 46 *Hotel Stadt Berlin:* Ehemaliges Interhotel am Alexanderplatz, 1970 eröffnet, 125 Meter hoch, 37 Etagen, vorzugsweise für Gäste aus dem Westen oder der Sowjetunion. Zu DDR-Zeiten Interhotel Stadt Berlin genannt, heißt es heute offiziell Park Inn by Radisson Berlin Alexanderplatz.

S. 46 *Grenze, Friedrichstrasse:* Wichtige Grenzübergangsstelle im geteilten Berlin. Im Volksmund wurde die dortige Ausreisehalle »Tränenpalast« genannt.

S. 47 *ein Brief von Federspiel:* Jürg Federspiel (1931-2007), Schweizer Schriftsteller, enger Freund von Max Frisch.

S. 47 *Manuskript REGEN nicht wiederzulesen:* Bei diesem Manuskript handelt es sich um eine frühe Fassung der Erzählung, die 1979 unter dem Titel *Der Mensch erscheint im Holozän* erschienen ist. Erste Entwürfe gehen auf den Sommer 1972 zurück. Im *Berliner Journal* wird der schwierige und langwierige Entstehungsprozess der Erzählung immer wieder zum Thema: zuerst unter dem Titel *Regen* (siehe S. 105 und 129), dann unter dem Titel *Klima* (siehe S. 156 und 165). Nach mehr als einem Dutzend Fassungen entstand von August bis November 1978 die Druckfassung und wurde der Titel *Der Mensch erscheint im Holozän* festgelegt (Siegfried Unseld war gegen den Titel *Klima*, da Frisch schon unmittelbar vorher mehrere Ein-Wort-Titel herausgebracht hatte). Die erhalten gebliebenen Typoskripte der verschiedenen Textstufen liegen im MFA.

S. 50 *sein Brecht-Stück, seine 17. Juni-Version:* Gemeint ist das Stück *Die Plebejer proben den Aufstand. Ein deutsches Trauerspiel* (1966). Es spielt vor dem Hintergrund des Arbeiter- und Volksaufstands in der DDR, der am 17. Juni 1953 mit Hilfe sowjetischer Panzer blutig niedergeschlagen wurde. Die Hauptfigur des Stücks, der »Chef«, trägt unverkennbar die Züge Bertolt Brechts.

S. 50 *Theater: eine Komödie von Bulgakow:* Inszenierung von *Iwan Wassiljewitsch* (entstanden 1934-1936) an den Kammerspielen Leipzig unter der Regie von Horst Smiszek.

S. 51 *Biermann berichtet von einer aktuellen Schwierigkeit mit seinem Freund H.:* Die Rede ist wohl von Robert Havemann (1910-

1982), Wolf Biermanns (*1936) engstem Verbündeten im Kampf gegen die SED-Parteidiktatur.

S. 54 *H. M. Enzensberger* (siehe auch S. 127 f.)*:* Gegenüber Volker Hage beschrieb Max Frisch sein Verhältnis zu Hans Magnus Enzensberger (*1929) so: »Ich kannte ihn schon, als er noch ein junger Schriftsteller war. Er war dann sehr befreundet mit der Bachmann, und als sie und ich uns trennten, gab es auch zwischen uns beiden eine Entfremdung. Wir haben jetzt gewissermaßen ein enzensbergerisches Verhältnis: ironisch-witzig, graziös-unverbindlich. Das ist nie sehr weit gegangen. Er ist eine ganz andere Tierart als ich.« (*»Ich bin auf Erfahrung sehr angewiesen«*, S. 239)

S. 56 *Wie bei einem Blick auf die Uhr:* Siehe auch GW VI, S. 751.

S. 57 *Ich bin nie ein Bewundrer von Thomas Mann gewesen, ein Gegner auch nicht:* Ähnlich gespalten äußerte sich Frisch im Gespräch mit Volker Hage über seine Beziehung zu Thomas Mann: »Unter uns: Ich mochte ihn nicht so recht. *Tonio Kröger* und *Tod in Venedig* habe ich gern gelesen. Er war für mich kein Anrege-, sondern ein Respektautor.« (*»Ich bin auf Erfahrung sehr angewiesen«*, S. 234)

S. 58 *Hat man schon zwei Hunde gesehen:* Siehe auch GW VI, S. 661.

S. 60 *Pro memoria:* Siehe auch GW VI, S. 631.

S. 61 *Katharina:* Die Tochter von Uwe und Elisabeth Johnson, geboren 1962, im Jahr der Eheschließung.

S. 61 *dann die Mauer:* In seiner Rede *Die Schweiz als Heimat?* (1974), die in Berlin entstanden ist, hat Frisch die Mauer ähnlich beschrieben (siehe GW VI, S. 513).

S. 61 *Zürich als geteilte Stadt beschreiben:* Siehe dazu S. 113-117 im vorliegenden Journal.

S. 62 *Wenn es zu Erfahrungen kommt, so nur noch durch Schreiben:* Siehe auch GW VI, S. 624.

S. 64 *Krumme Lanke:* See im Südwesten Berlins.

S. 64 *so historisch wie die Luftbrücke damals:* Frisch hat die Blockade Berlins durch die Sowjets und die Luftbrücke der Westalliierten 1948 in ihren Anfängen selbst erlebt und im *Tagebuch*

1946-1949 beschrieben: »Blockade, um die Westmächte auszutreiben – mit dem Hunger der Berliner.« »Auf dem Tempelhofer Feld wimmelt es von glitzernden Transportern –. / ›Luftbrücke‹.« (GW II, S. 576 und 578)

S. 65 *Ein Mann kommt in ein Gerichtsverfahren:* Frisch hat diesen Stoff in seiner letzten Erzählung *Blaubart* (1982) aufgegriffen.

S. 68 *Günter, zurück von seinem Haus in Schleswig-Holstein:* Das Haus liegt in Wewelsfleth.

S. 68 *Das Porträt im TAGEBUCH, 1971, ist völlig überholt:* Das Grass-Porträt im *Tagebuch 1966-1971* heißt *Album* und ist auf den August 1970 datiert (siehe GW VI, S. 302-311). Frisch blättert darin in einem Album mit Fotografien von Günter Grass und schildert in einer Serie von Beobachtungen und Feststellungen, was er vor sich sieht – ob nun tatsächlich oder bloß in der Vorstellung, bleibt offen.

S. 68 *Memoiren geschrieben, ein kurzes Stück nicht zum Veröffentlichen; meine Beziehung zu W., Werner Coninx, die Geschichte einer fatalen Freundschaft:* Das Typoskript *Memoiren* umfasst 24 Seiten, ist datiert mit »Berlin, März 1973« und liegt im MFA. Auf dem Deckblatt steht: »Nicht zur Veröffentlichung«. Frisch hat den Text in leicht überarbeiteter und fast ungekürzter Form in *Montauk* publiziert (siehe GW VI, S. 636-649).

S. 70 *im Washington Square vor zweiundzwanzig Jahren:* 1951 ermöglichte ein Stipendium der Rockefeller Foundation Frisch einen einjährigen Aufenthalt in den USA (siehe dazu auch das Typoskript *Amerika, 1951* im MFA, in Auszügen abgedruckt in Max Frisch: *Jetzt ist Sehenszeit. Briefe, Notate, Dokumente 1943-1963*, hg. und mit einem Nachwort versehen von Julian Schütt, Frankfurt am Main: Suhrkamp, 1998, S. 117-120, und in Max Frisch: *Amerika!*, hg. von Volker Hage, Berlin: Insel, 2011, S. 9-14). Die wichtigste Station von Frischs Amerikaaufenthalt war New York. Im Verlauf des Jahres reiste er quer durch die USA und bis nach Mexiko.

S. 70 *März in Prag:* Als gemeinsamer Sonderkorrespondent des Zürcher Tages-Anzeigers und der NZZ berichtete Frisch im Februar 1933 von der Eishockey-Weltmeisterschaft in der

Tschechoslowakei. Daran schloss sich eine mehrmonatige Reise an – von Prag über Budapest, Belgrad, Sarajevo, Dubrovnik, Istanbul und Griechenland wieder zurück in die Schweiz. Sie gab Frisch den Stoff für seinen ersten Roman *Jürg Reinhart. Eine sommerliche Schicksalsfahrt*, der 1934 in der Deutschen Verlags-Anstalt Stuttgart erschien.

S. 70 *Mit 19 schrieb ich ein Tagebuch, das ich später vernichtet habe mit allem andern:* Im *Tagebuch 1946-1949* schildert Frisch im Eintrag *Autobiographie* (1948), wie er im Herbst 1937 alles bis dahin Geschriebene verbrannt habe: »Einmal wurde alles Geschriebene zusammengeschnürt, inbegriffen die Tagebücher, und alles dem Feuer übergeben. Ich mußte zweimal in den Wald hinaufgehen, so viele Bündel gab es, und es war, ich erinnere mich, ein regnerischer Tag, wo das Feuer immer wieder in der Nässe erstickte, ich brauchte eine ganze Schachtel voll Streichhölzer, bis ich mit dem Gefühl der Erleichterung, auch der Leere weitergehen konnte.« (GW II, S. 588) – Einige Jahre später beschrieb Frisch dieses Autodafé in einer *Rede an junge Lehrer* (1957) wie folgt: »Mit 25 [sic] Jahren war ich fertig mit der Schriftstellerei: Ich wußte, daß es mir im letzten Grund nicht reicht, und verbrannte alles Papier, das beschriebene und das leere dazu, fertig mit falschen Hoffnungen.« (GW IV, S. 207)

S. 72 *Ich komme aus der Lektüre von JAKOB DER LÜGNER:* Jurek Beckers (1937-1997) Roman, der ursprünglich ein Drehbuch war, erschien 1969 im Aufbau Verlag. 1974 und 1999 wurde er verfilmt.

S. 74 *auch Günter Kunert soll dabei sein:* Zu Kunert siehe auch S. 77 f. und die Anmerkung zu S. 149.

S. 74 *Und eine Einladung von der Sowjetischen Botschaft aus Bern:* Das nationale sowjetische Zentrum des Internationalen Theaterinstituts (ITI) lud Frisch zu seinem 15. Kongress in Moskau ein (27. 5. - 1. 6. 1973). Frisch hat diese Einladung auch angenommen, ist dann aber nicht gereist (siehe auch S. 136). Die Korrespondenz dazu ist im MFA vorhanden.

S. 85 *M. unglücklich über mein unmögliches Verhalten gestern:* Siehe auch die entsprechende Stelle in *Montauk* (GW VI, S. 727).

S. 86 *Manfred Bierwisch, Linguist, mit Gefährtin:* Die Gefährtin von Manfred Bierwisch (*1930) heißt Judith Macheiner, eigentlich Monika Doherty (*1939).

S. 87 *Diskussion der Auswahl aus TAGEBUCH 1, dazu Reden:* In den Verlagsverhandlungen, die im *Berliner Journal* an mehreren Stellen geschildert werden, geht es in erster Linie um den Band *Aus einem Tagebuch und Reden*, der 1974 mit einem Nachwort von Hermann Kähler in der Reihe »Spektrum« erschien. Er versammelte eine von Frisch autorisierte Auswahl aus dem ersten Tagebuch sowie einige Reden – einschließlich der Büchner-Preis-Rede *Emigranten* von 1958 (siehe GW IV, S. 229-243).

S. 87 *Rennert, junger Lyriker:* Jürgen Rennert (*1943) war von 1964-1975 Werbetexter und Redakteur bei Volk und Welt.

S. 87 *Ihre Meinungen zu Kant:* Hermann Kant (*1926), deutscher Schriftsteller und linientreuer Parteifunktionär, zu der Zeit Vizepräsident des DDR-Schriftstellerverbandes, später dessen Präsident.

S. 88 *Wie wenn man mit Kreide auf ein nasses Glas schreibt:* Siehe auch GW VI, S. 661.

S. 89 *Hermann Kähler (schrieb schon das Nachwort zu Gantenbein):* Frischs *Gantenbein* konnte bereits 1966 bei Volk und Welt erscheinen – allerdings nicht mit einem Nachwort von Hermann Kähler, sondern von Günther Cwojdrak.

S. 89 *(und schon in der Rede zur Frankfurter Buchmesse):* 1958 hielt Frisch die Rede *Öffentlichkeit als Partner* zur Eröffnung der Frankfurter Buchmesse (siehe GW IV, S. 244-252).

S. 90 *Theater: DIE NEUEN LEIDEN DES JUNGEN W., von Ulrich Plenzdorf:* Die Bühnenfassung von Ulrich Plenzdorfs (1934-2007) Goethe-Adaption wurde im Mai 1972 am Landestheater Halle (Saale) uraufgeführt, war überaus erfolgreich und wurde auf vielen Bühnen gespielt. Die Prosafassung erschien in demselben Jahr in der renommierten DDR-Literaturzeitschrift *Sinn und Form* und im darauffolgenden Jahr in erweiterter Form als Buch, zeitgleich in der DDR (Hinstorff) und in der BRD (Suhrkamp). Frisch hat in Ost-Berlin die Inszenierung von Horst Schönemann an den Kammerspielen des Deutschen Theaters gesehen.

S. 93 *Treffen mit Christa Wolf und Gerhard Wolf im Opern-Café,*

Ost-Berlin, fünf Jahre nach der Begegnung auf der Wolga: Frisch hat seine erste Begegnung mit dem Ehepaar Wolf im Juni 1968 auf einer Wolgafahrt zu einem Schriftstellerkongress in Gorki (heute Nischni Nowgorod) im *Tagebuch 1966-1971* beschrieben (siehe GW VI, S. 143 ff.).

S. 93 *Ihr Buch NACHDENKEN ÜBER CHRISTA T.:* Die Erstausgabe des Romans erschien 1968 im Mitteldeutschen Verlag, Halle (Saale).

S. 95 *Von I. geträumt:* Ingeborg Bachmann.

S. 95 *Karfreitag in Brighton mit meinem englischen Übersetzer:* Geoffrey Skelton (1914-1998). An ihn schrieb Frisch am 2. 2. 1974 aus Berlin: »Wir beide denken immer noch gerne an die Woche in London und am Meer. Ein kurzes Jahr, kein sehr gutes. Viel Misslingen, und ich halte es ohne Arbeiten nicht aus. Eine Erzählung, die drei Mal scheiterte; dann schrieb ich (um die Erzählung liegen zu lassen) Erinnerungen an die Zeit 1939-1945 hier [das *Dienstbüchlein*, TS], das erscheint als Taschenbuch im März und wird viel Ärger machen in meinem Land. Jetzt gerade meine ich, dass die Erzählung doch gelinge.« Das Original des Briefes befindet sich im MFA.

S. 97 *(wie Michael Hamburger hier):* Michael Hamburger (1924-2007), Dichter und Übersetzer, wurde in Berlin geboren und musste 1933 nach Großbritannien fliehen.

S. 98 *Bodega Gorgot:* Lokal in der Zürcher Altstadt unweit des Großmünsters (Bodega Española/Casa Gorgot, 1874 gegründet), in dem Max Frisch häufig verkehrte (siehe auch GW VI, S. 9 f. und S. 13-19).

S. 98 *Gespräch mit Uwe Johnson in Berlin (10.4.?) wegen der Werkausgabe:* Das Fragezeichen hinter der Datumsangabe stammt von Frisch. Die Werkausgabe, um die es hier geht, erschien 1976 als *Gesammelte Werke in zeitlicher Folge* in sechs Bänden, hg. von Hans Mayer unter Mitwirkung von Walter Schmitz, Frankfurt am Main: Suhrkamp. Sie wurde 1986 durchgesehen und um einen siebten Band erweitert.

S. 98 *Johnson kommt mit Walter Benjamin, der meinen Namen als Journalist erwähnt hat:* Vermutlich handelt es sich um eine vergnügliche Verwechslung: Der Name Max Frisch taucht bei Walter Benjamin in einem sogenannten »Hörmodell« auf, einem didaktischen Rundfunkspiel, das er zusammen mit Wolf Zucker geschrieben hat und das den Titel *»Gehaltserhöhung?! Wo denken Sie hin!«* trägt. Es beginnt wie folgt: »DER SPRECHER Meine Damen und Herren, wir bitten um Ihre Aufmerksamkeit für einen Ihrer Kollegen, Herrn Max Frisch. Sie alle, die Sie in einem Büro, einem Geschäft, einem Betrieb arbeiten, kennen ihn. Er ist der Mann, der immer Erfolg hat, der es versteht, sich durchzusetzen, ohne viel Streit mit den Kollegen seinen Platz zu behaupten. Wir haben Herrn Frisch gebeten, uns seine Geheimnisse zu verraten, uns zu erklären, wie er es fertig bringt, mit allen gut zu stehen, in dieser Zeit sein Auskommen zu finden, seine Nerven zu schonen, ein angenehmer Kollege zu bleiben. Wollen Sie erfahren, wie er es macht, so hören Sie zu! Es spricht einer von Ihnen, einer, der alle Ihre Sorgen und Schwierigkeiten miterlebt, und der es doch oft versteht, besser damit fertig zu werden, als Sie. Glauben Sie bitte nicht, daß Herr Frisch eine Ausnahme, ein Liebling des Glückes ist! Herr Frisch will nicht beneidet werden, er will Ihnen sagen, wie er es macht, Glück zu haben.« (*Gesammelte Schriften*, Bd. IV/2, S. 629) Das »Hörmodell« wurde am 26. 3. 1931 im Frankfurter Rundfunk erstmals ausgestrahlt. Zu diesem Zeitpunkt war Frisch noch keine zwanzig Jahre alt und hatte noch keine Zeile veröffentlicht, weder als Journalist noch als Schriftsteller. Der Name Max Frisch hat hier den Status von Max Mustermann. – Der Band der *Gesammelten Schriften* Walter Benjamins, in dem das Hörmodell enthalten ist und aus dem Uwe Johnson die zitierte Stelle mutmaßlich kannte, erschien 1972.

S. 99 *es ist mir in der Architektur überhaupt nichts Eigenes eingefallen:* Immerhin steht das Freibad Letzigraben in Zürich (Max-Frisch-Bad), 1947-1949 erbaut, heute unter Denkmalschutz.

S. 102 *Wanderung am Müggelsee, Ost-Berlin, zu sechst:* Neben Marianne und Max Frisch waren Uwe Johnson sowie Manfred Bierwisch und dessen Frau Judith Macheiner mit von der Partie. Der Ausflug ist bildlich dokumentiert. Nach der Erinnerung von Marianne Frisch und Judith Macheiner nahmen daran nur fünf Personen teil; Elisabeth Johnson war nicht dabei.

S. 103 *Honecker ist besser als Ulbricht:* Erich Honecker (1912-1994) hatte 1971 Walter Ulbricht (1893-1973) an der Spitze der DDR abgelöst.

S. 109 *Wilhelm Killmayer:* Deutscher Komponist (*1927), der mit den Frischs gut befreundet war (siehe auch GW VI, S. 722).

S. 114 *ich selber bin seinerzeit bei einem architektonischen Wettbewerb ausgeschieden:* 1953 nahm Frisch an einem Wettbewerb für den Neubau des Physikgebäudes der Universität Zürich teil (in dem heute das Deutsche Seminar untergebracht ist) und reichte den Entwurf eines 15-stöckigen gläsernen Hochhauses ein, in unmittelbarer Nachbarschaft zu Turm und Kuppel von Universität und ETH. In dasselbe Jahr fällt auch sein Vortrag *Cum grano salis* vor dem Bund Schweizer Architekten, in dem er an der schweizerischen Architektur ihren gewohnheitsmäßigen »Verzicht auf das Große (das Ganze, das Vollkommene, das Radikale)« kritisierte (GW III, S. 232).

S. 115 *Die Maschinen-Skulptur von Tinguely:* Am Zürichhorn im rechten unteren Seebecken steht bis heute die kinetische Plastik *Heureka* des Schweizer Künstlers Jean Tinguely (1925-1991). Sie wurde für die Schweizerische Landesausstellung 1964 in Lausanne geschaffen und kam 1967 nach Zürich.

S. 119 *Kurt Marti: ZUM BEISPIEL: BERN 1972, Ein politisches Tagebuch:* Das Buch erschien 1973 bei Luchterhand. Ausgangspunkt war »der Einfall: notier dir mal, was du an Mikropolitik erfährst, beobachtest. Tagebuch also, thematisch beschränkt, zeitlich befristet, nicht literarisiert, eine Art Protokoll: für mich, für andere«. (S. 5)

S. 119 *zum Beispiel von Werner Weber lässt er sich schon noch feiern:* 1972 erhielt Kurt Marti (*1921) den Johann-Peter-Hebel-Preis. Die Laudatio hielt Werner Weber (1919-2005), der langjährige Feuilletonchef der NZZ.

S. 119 *»Brot für Brüder«:* Spendenaktion für die Entwicklungsarbeit des Hilfswerks der Evangelischen Kirchen der Schweiz und der damit verbundenen Missionsgesellschaften (seit 1990 »Brot für alle«).

S. 119 *weiss Gott, den er einmal als Genosse Gott zu bezeichnen vorschlägt:* Siehe bei Marti S. 54.

S. 120 *Heute Abend gibt Günter Grass ein Fest für seine langjährige Sekretärin:* Eva Hönisch war mehr als drei Jahrzehnte die Sekretärin von Grass in Berlin.

S. 122 *Ein aufrichtiger Mensch (so meine ich):* Siehe auch GW VI, S. 660.

S. 122 *Wolf Biermann wiedergelesen: Deutschland. Ein Wintermärchen* erschien 1972 im Westberliner Verlag Klaus Wagenbach, der Band *Für meine Genossen. Hetzlieder, Gedichte, Balladen* in demselben Jahr und demselben Verlag; ein Stück der Sammlung heißt *Gesang für meine Genossen* (siehe auch S. 134).

S. 124 *Zeit für Fernsehen; heute Debatte im Bundestag über den Grundvertrag, Rücktritt von Barzel:* Rainer Barzel (1924-2006), der im Jahr zuvor ein konstruktives Misstrauensvotum sowie die vorgezogene Bundestagswahl gegen den Kanzler Willy Brandt (1913-1992) verloren hatte, trat am 9. 5. 1973 vom Amt des Vorsitzenden der CDU/CSU-Bundestagsfraktion zurück. Hintergrund waren die Abstimmungen über den Grundlagenvertrag (*Vertrag über die Grundlagen der Beziehungen zwischen der Bundesrepublik Deutschland und der Deutschen Demokratischen Republik*) und namentlich über den deutschen UNO-Beitritt, in denen die eigene Fraktion Barzel die Gefolgschaft versagte. Innerhalb der zerstrittenen Union war der CSU-Vorsitzende Franz Josef Strauß Barzels mächtigster Gegenspieler.

S. 125 *später Fussball:* Deutschland-Jugoslawien 0:1, Freundschaftsspiel, Olympiastadion München. Die Entscheidung fiel durch einen Handelfmeter.

S. 127 *seinen berühmten Brief aus der W.-University:* Hans Magnus Enzensberger war im akademischen Jahr 1967/68 eingeladen als Fellow am Center for Advanced Studies der Wesleyan University, Connecticut/USA. Nach nur drei Monaten trat er von dieser Tätigkeit zurück und verkündete die Gründe dafür in einem offenen Brief mit dem Titel *On Leaving America*, der am 29. 2. 1968 in der New York Review of Books veröffentlicht wurde. Enzensberger protestiert darin gegen die Klasse, die die USA beherrsche, gegen die Regierung, die ihr als Werkzeug diene, und gegen die imperialistische Außenpolitik, deren sie sich auf der ganzen Welt schuldig mache. Im

Anschluss an sein Fellowship ging Enzensberger für ein Jahr nach Kuba.

S. 127 *bei der schwierigen Sitzung in Frankfurt:* 1968 probte das Lektorat der Verlage Insel und Suhrkamp den Aufstand gegen den Verleger Siegfried Unseld (1924-2002). Es wurde eine Verfassung gefordert, die dem Lektorat unter anderem volle Mitbestimmung in allen Fragen der Programmgestaltung sowie bei der Neueinstellung und Entlassung von Lektoren garantierte. An einer von Unseld einberufenen Sitzung wurde am 14./15. 10. 1968 die von den Lektoren vorgelegte Lektoratsverfassung diskutiert. Neben zahlreichen Verlagsmitarbeitenden nahmen daran auch mehrere Autoren teil, darunter Hans Magnus Enzensberger (ohne Einladung von Unseld, aber auf Drängen der Lektoren) und Max Frisch. Die Besprechung dauerte bis um 3.50 Uhr. – Der Konflikt zwischen Lektorat und Verleger mündete schließlich in eine Geschäftsordnung der Lektoratsversammlung im Sinne einer Versammlung Gleichberechtigter – »unbeschadet der Stellung von Dr. Unseld als persönlich haftender Gesellschafter und Leiter der Verlage und seinem daraus resultierenden Recht zu unabhängiger Entscheidung« (Siegfried Unseld: *Chronik 1970. Mit den Chroniken Buchmesse 1967, Buchmesse 1968 und der Chronik eines Konflikts 1968*, Berlin: Suhrkamp, 2010, S. 80).

S. 128 *Sein infames Spottgedicht auf Prof. Mitscherlich:* Es ist unklar, worauf sich diese Bemerkung bezieht. Enzensberger selbst antwortete auf Anfrage: »Ein solches Gedicht gibt es nicht.« – Vermutlich steht die Bemerkung im Kontext der hitzigen Debatten um die Verleihung des Friedenspreises des Deutschen Buchhandels 1969. Alexander Mitscherlich (1908-1982), von Siegfried Unseld vorgeschlagen, war als Preisträger mit ins Schussfeld geraten, weil Friedenspreis und Börsenverein als konservativ, undemokratisch, elitär und kommerzorientiert kritisiert wurden.

S. 131 *Seine jetzige Gefährtin, Grafikerin bei VOLK UND WELT:* Es konnte nicht mit Sicherheit ermittelt werden, um wen es sich hier handelt.

S. 131 *»Wer sich nicht in Gefahr begibt, kommt darin um«:* Refrain aus dem *Selbstportrait für Reiner Kunze* vom Album *aah-ja!* (1974): »Ach du, ach das ist dumm: / Wer sich nicht in Gefahr begibt, / der kommt drin um.«

S. 132 *»Nicht das Leben steht auf dem Spiele, euer Wohlleben ja nur«:* Zeilen aus dem Refrain von Biermanns frühem Lied *Prügel kriegen, meine Herrn*, veröffentlicht im Album *VEBiermann* (1988): »Leben steht nicht auf dem Spiele / – euer Wohlleben ja nur«.

S. 133 *Intershop:* Ladenkette in der DDR, deren Waren nur mit konvertierbaren Währungen – also nicht mit der Mark der DDR – gekauft werden konnten. Ziel der 1962 gegründeten Ladenkette war es, die in der DDR im Umlauf befindlichen konvertierbaren Devisen abzuschöpfen, insbesondere von westlichen Touristen und Transitreisenden. DDR-Bürger mussten ab 1979 mit sogenannten »Forumschecks« bezahlen, die aber wiederum nur gegen Westgeld erworben werden konnten. Das Sortiment der Intershops umfasste Westprodukte sowie höherwertige Ostprodukte, die sonst nicht oder nur sehr schwer erhältlich waren: von Tabak und Spirituosen über Textilien und Kosmetika bis zu Uhren und Schmuck.

S. 133 *Krach im Wagenbach-Verlag:* Von 1969 an war der Westberliner Verlag Klaus Wagenbach als genossenschaftliches Kollektiv organisiert, das dem Privatprofit entsagen und allen Kollektiv-Mitgliedern volle Mitbestimmung in finanziellen und personellen Fragen einräumen wollte – nicht aber in Fragen des Lektorats. Wolf Biermann, der im Osten nicht veröffentlichen durfte, war der auflagenstärkste Autor des Hauses. 1973 wurden die Spannungen im Kollektiv wegen politischer und publizistischer Differenzen so groß, dass sie zur Aufspaltung des Verlags in den Rotbuch Verlag und in den Klaus Wagenbach Verlag führten. Biermann gab damals zu Protokoll, er wolle »bei keinem der beiden Krüppel bleiben« (DER SPIEGEL, Nr. 21/1973, S. 155).

S. 133 f. *»Noch machen wir nur Witze«:* Der Refrain von Biermanns *Bilanzballade im dreißigsten Jahr* lautet: »Und doch: Die Hundeblume blüht / Auch in der Regenpfütze / Noch lachen wir / Noch machen wir nur Witze« (Wolf Biermann: *Mit Marx-*

und Engelszungen. Gedichte, Balladen, Lieder, Berlin: Wagenbach, 1968, S. 56-58).

S. 134 *Gegen Mitternacht wieder einmal an der Kontrolle beim Bahnhof Friedrichstrasse:* Siehe auch GW VI, S. 727.

S. 135 *Familie Grass mit Günther S. dazu:* Günther Schulz (*1946), der spätere Lebenspartner von Anna Grass.

S. 135 *Jörg/Frau P.:* Hier sind der Schriftsteller Jörg Steiner (1930-2013) und Frischs langjährige Privatsekretärin Rosemarie Primault (*1941) gemeint.

S. 135 *Versuche mit Radierung:* Es gibt Fotos von Max Frisch und Günter Grass in der Radierwerkstatt von Anselm Dreher in Berlin. Die Originale befinden sich in der Berliner Akademie der Künste, Sammlung Maria Rama.

S. 136 *Visum für Moskau nicht eingetroffen:* Die Bemerkung bezieht sich auf die Einladung zum Kongress des Internationalen Theaterinstituts in Moskau (siehe S. 74). In Frischs Agenda von 1973 findet sich in der Kalenderwoche 22 folgender Eintrag: »Moskau-Visum zu spät: eine Woche vor Reise; schon umdisponiert.«

S. 137 *Ein sehr junger Regisseur, der die CHINESISCHE MAUER inszenieren soll:* Das Stadttheater Bern eröffnete die Spielzeit 1973/74 mit der deutschsprachigen Erstaufführung von Frischs Farce *Die Chinesische Mauer* in der *Version für Paris, 1972*. Regisseur war der damals 28-jährige Volker Hesse (*1944).

S. 138 *im Ermeler-Haus:* Altes Patrizierhaus mit bewegter Geschichte, benannt nach dem Tabakhändler Wilhelm Ferdinand Ermeler (1784-1866), der das Haus mit seinen Abendgesellschaften zu einem kulturellen Treffpunkt Berlins machte. Ursprünglich stand es an der Breiten Straße 11, wurde jedoch 1967-1969 im Zuge der Neugestaltung des Stadtzentrums abgerissen und unter Verwendung originaler Bauelemente am Märkischen Ufer 10 wieder aufgebaut. Zu DDR-Zeiten diente es als Luxusgaststätte und als Ort offizieller Empfänge, auch von Besuchern aus dem Westen.

S. 138 *Gelesen aus TAGEBUCH:* Die gelesenen Texte sind die folgenden: FRAGEBOGEN 1: GW VI, S. 7-9; 1946 DISKUSSIONEN MIT STUDENTEN: *Café Odeon*, II, 467 f.; MALERMEISTER: *Zürich,*

VI, 42-44; Der Traum des Apothekers von Locarno: VI, 185-194; Lunch im Weissen Haus: VI, 271-285; Reise nach Gorki: VI, 146-150; Fragebogen Heimat: VI, 355-358.

S. 139 *Peter Edel:* Eigentlich Peter Hirschweh (1921-1983), Schriftsteller und Grafiker.

S. 140 *Viel anders als in Princeton sind die Fragen nicht:* Anlässlich seiner USA-Reise im Mai 1970, die auch im zweiten Tagebuch geschildert wird (»Lunch im Weissen Haus«), besuchte Frisch die Princeton University. In einem handschriftlichen Notizheft, das sich im MFA befindet, hielt er unter dem Datum 6. 5. 1970 seine Eindrücke von der Besichtigung des Campus fest. Er berichtet von streikenden Studierenden, die in der Sporthalle an Plakaten und Protesten arbeiten (»einige sind poetisch, klug, original, wenig Klischee«), und von Gesprächen mit Professoren, die ihn ratlos hinterlassen zu haben scheinen (»Unterhaltung mit einigen Professoren – ? –.«). Ein zweiter, später gemachter Eintrag zu diesem Besuch lautet: »6.V. Princeton. Treffen der Studenten im Freien, Sprecher dilettantisch, aber nicht demagogisch; sie haben nur einen Vorteil: ihre Jugend; sie werden leben, wenn Nixon ein schlechtes Ölgemälde im Weissen Haus ist. Sie wollen nicht Weltherrschaft, sondern ihr Leben; nicht Asien befreien, sondern sich selber.«

S. 141 *des kleinen Tell: Wilhelm Tell für die Schule,* erschienen 1971.

S. 142 *DEFA-Filme: DER SEKRETÄR, DER TIERGARTEN, WÄSCHERINNEN:* Die gezeigten Dokumentarfilme von Jürgen Böttcher alias Strawalde (*1931) entstanden 1967 (*Der Sekretär*), 1968 (*Tierparkfilm*) und 1972 (*Wäscherinnen*).

S. 143 *Genosse Abusch:* Alexander Abusch (1902-1982), Journalist, Schriftsteller und Politiker, war von 1958 bis 1961 DDR-Kulturminister (als Nachfolger von Johannes R. Becher), von 1961 bis 1971 als stellvertretender Vorsitzender des Ministerrates der DDR für Kultur und Erziehung zuständig und danach Vizepräsident bzw. Ehrenpräsident beim Kulturbund; Stasi-Deckname »Ernst«.

S. 145 *Plenzdorf DIE LEGENDE VON PAUL UND PAULA:* Der Film über die Liebesbeziehung zwischen einem unglücklich verheirateten Mann und einer alleinerziehenden Frau kam 1973 in die Kinos und wurde in der DDR zum Kultfilm. Er entstand im DEFA-Studio Babelsberg. Regie führte Heiner Carow nach dem Drehbuch von Ulrich Plenzdorf, die Hauptdarsteller waren Angelica Domröse und Winfried Glatzeder.

S. 148 *Wir leben nicht in Zeiten, wo ein Gespräch über Bäume nicht möglich wäre:* In Bertolt Brechts Gedicht *An die Nachgeborenen* (1939) heißt es:»Was sind das für Zeiten, wo / Ein Gespräch über Bäume fast ein Verbrechen ist / Weil es ein Schweigen über so viele Untaten einschließt!« (*Werke*, Bd. 12, S. 85-87)

S. 149 *Kunert ist Parteimitglied:* Günter Kunert (*1929) trat 1949 der SED bei, wurde aber 1977 aus der Partei ausgeschlossen, nachdem er im Jahr zuvor zu den Erstunterzeichnern der Petition gegen die Ausbürgerung Wolf Biermanns gehört hatte. 1979 übersiedelte er in die Bundesrepublik.

S. 154 *Wohnung übergeben an Ernst Jandl und Friederike Mayröcker:* Während seines Aufenthalts in der Wohnung an der Sarrazinstraße im Sommer 1973 schrieb Ernst Jandl das Gedicht *der tisch*. Es trägt die Widmung »für marianne und max frisch«: »viel sympathie / für diesen tisch / mit dem die hand / verwandtschaft spürt // die platte trägt / man nur zu zweit / kein zweites mal / nach nebenan // gravierte schrift / vom holzwurm stammt / der insgesamt / ein schreibgerät // von fern berührt / der daran sitzt / mit leichtem stift / ein blatt papier« (Ernst Jandl: *für alle*, Darmstadt/Neuwied: Luchterhand, 1974, S. 125).

S. 154 *Noch eine Hepatitis! und es bleibt von meinem Hirn nicht mehr viel übrig:* Wie stark Frisch zu jener Zeit die Sorge um das Gehirn und die Frage nach der Wahrnehmbarkeit von dessen Zerfall umtrieben, belegt auch ein unveröffentlichter Text mit dem Titel *Das Hirn* aus dem Sommer 1973. Er ist von Hand in ein Notizheft vom Format A6 geschrieben, trägt das Datum 16. 8. 1973 und umfasst 8 Seiten. Das Notizheft befindet sich im MFA.

S. 156 *Noch Arbeit am DIENSTBÜCHLEIN:* Im Herbst 1973 schrieb Frisch das *Dienstbüchlein*, in dem er auf seinen Militärdienst zur Zeit des Zweiten Weltkriegs zurückblickt – weit kritischer, als er ihn in den *Blättern aus dem Brotsack* (1940) dargestellt hatte. Das *Dienstbüchlein* erschien im Februar/März 1974 in der Basler National-Zeitung und im Frühjahr 1974 als Taschenbuch bei Suhrkamp.

S. 156 *Leber:* Hugo Leber (1930-1981), langjähriger Kulturredakteur des Zürcher Tages-Anzeigers.

S. 156 *das EXIL (Ossi Wiener):* Legendäre Kreuzberger Künstlerkneipe (Paul-Lincke-Ufer 44 A), die vom österreichischen Künstler Oswald Wiener (*1935) geführt wurde. Er befand sich seit 1969 in West-Berlin im ›Exil‹, nachdem er als Teilnehmer der Wiener Aktion »Kunst und Revolution« zu einer Gefängnisstrafe verurteilt worden war und sein Heimatland verlassen hatte.

S. 156 *KLIMA, im Herbst daraus vorgelesen in der Berliner Akademie:* Die Lesung fand am 1. 12. 1973 statt. Frisch las das *Fragment aus einer Erzählung* (siehe GW VI, S. 522-534), eine Zusammenstellung von Texten aus der Erzählung *Klima*.

S. 156 *(Tumler):* Franz Tumler (1912-1998), Südtiroler Schriftsteller.

S. 156 *Veröffentlichung des SKETCHBOOKS als Anlass:* Frischs *Tagebuch 1966-1971* erschien 1974 unter dem Titel *Sketchbook 1966-1971* in der Übersetzung Geoffrey Skeltons als »A Helen and Kurt Wolff Book« bei Harcourt Brace Jovanovich, New York.

S. 158 *Siehe Text; eine höfliche (meine ich) Anmerkung, dass ich mit seinem Buch nicht einverstanden sei:* In *Die Schweiz als Heimat?*, der Dankesrede zur Verleihung des Großen Schillerpreises am 12. 1. 1974 im Schauspielhaus Zürich (siehe auch S. 156), heißt es:»Unbehagen im Kleinstaat‹ / das ist es wohl nicht, verehrter Professor Karl Schmid, was dem einen und anderen Eidgenossen zu schaffen macht; nicht die Kleinstaatlichkeit. Besoin de grandeur, das zielt nicht auf Großstaat; die Nostalgie ist eine andere. So gefällig sie auch ist, die These, Unbehagen an der heutigen Schweiz können nur Psychopathen haben, sie beweist noch nicht die gesellschaftliche Gesundheit der Schweiz.« (GW VI, S. 517)

S. 158 *Alexander Solschenizyn, der gestern des Landes verwiesen worden ist:* Nach seiner Festnahme, Anklage wegen Landesverrats, Aberkennung der Staatsbürgerschaft und Ausweisung aus der Sowjetunion (Ende Dezember 1973 war ein Teil des Manuskripts *Der Archipel Gulag* in Paris veröffentlicht worden) kam der Literaturnobelpreisträger Alexander Solschenizyn (1918-2008) am 13. 2. 1974 in die BRD und gelangte über eine Zwischenstation bei Heinrich Böll (1917-1985), ebenfalls Literaturnobelpreisträger, in Langenbroich in der Eifel am 15. 2. 1974 nach Zürich, wo ihm ein großer Empfang bereitet wurde. Die NZZ kommentierte: »Ist es nicht bemerkenswert, daß sich der große russische Schriftsteller für unser Land entschieden hat, das für so manche einheimische Literaten nur noch Zielscheibe einseitiger, verquälter Kritik ist?« (NZZ vom 14. 3. 1974, Morgenausgabe Nr. 122, S. 21) – 1976 übersiedelte Solschenizyn mit seiner Familie nach Cavendish im US-Bundesstaat Vermont.

S. 158 *Attacke auf Brandt:* Wohl auch aus Enttäuschung darüber, dass Brandt, für den er sich als Wahlkampfhelfer lange und unermüdlich eingesetzt hatte, ihm kein politisches Amt anbot, griff Grass die Regierung Brandt in einem Artikel mit dem Titel *Koalition im Schlafmützentrott* frontal an und warf ihr lähmende Selbstgefälligkeit, dem Kanzler selbst Lustlosigkeit und Entrücktheit vor. Der Artikel wurde am 26. 11. 1973 im NDR-Fernsehmagazin *Panorama* verlesen und am 29. 11. 1973 im SPD-Parteiblatt *Vorwärts* gedruckt (siehe *Werkausgabe*, Bd. 15, S. 320-322).

S. 158 *Gedicht auf Ingeborg Bachmann (»wichsende Knaben löcherten ihren Schleier«):* Das Gedicht von Günter Grass heißt *Todesarten*, erschien am 26. 10. 1973 in der ZEIT und endet mit den Zeilen: »So scheu warst du nicht. / Wichsende Knaben hatten den Vorhang gelöchert: / jeder sah alles, Seide und chemische Faser, / die jüngste Kollektion, bezügliche Zitate. // Todesarten: außer den windigen Kleidchen / diese probieren und diese; / die letzte paßte. / (Als Ingeborg Bachmann starb)« (*Werkausgabe*, Bd. 1, S. 465).

S. 158 *sein Israel und ICH:* Am 31. 12. 1973 veröffentlichte Grass in der Süddeutschen Zeitung einen Artikel mit dem Titel *Israel und ich*, in dem er zum Ausgang des Jahres auf den Jom-

Kippur-Krieg zurückblickt und über die Zukunft des Staates Israel nachdenkt (siehe *Werkausgabe*, Bd. 15, S. 333-338).

S. 158 *seine Lesung hier (wie die BLECHTROMMEL entstanden ist):* Vermutlich handelt es sich bei dem gelesenen Text um den *Rückblick auf die Blechtrommel – oder Der Autor als fragwürdiger Zeuge. Ein Versuch in eigener Sache.* Er wurde als Beitrag zur WDR-Sendereihe »Wie ich anfing« am 16. 12. 1973 gesendet und am 12. 1. 1974 in der Süddeutschen Zeitung gedruckt (siehe *Werkausgabe*, Bd. 15, S. 323-332).

S. 158 *sein Verdikt gegen Kollegen, die nicht zu Solschenizyn sich äussern:* In einem Interview von Anfang Februar 1974 urteilte Grass neben Walter Scheel (als Bundespräsident »nicht geeignet«) und Hans-Dietrich Genscher (»keine Befähigung als Außenminister«) auch einige Schriftstellerkollegen ab. Namentlich Martin Walser, Peter Weiss, Günter Herburger und Franz Xaver Kroetz warf er vor, sie fänden »kein Wort für Solschenizyn«, und verkündete, sie seien für ihn »keine Kollegen« mehr: »Mit ihnen hört der Dialog auf.« (Zitiert nach: DER SPIEGEL, Nr. 7/1974, S. 120)

S. 161 *die widerliche DDR-Schnulze vom Jugend-Festival:* Im Sommer 1973 fanden in Ost-Berlin die X. Weltfestspiele der Jugend und Studenten statt. Das offizielle Festivallied hieß *Die junge Welt ist in Berlin zu Gast, und sie schert sich nicht drum, ob es dem Feinde passt.*

S. 165 *zum Geburtstag von Helene Ritzerfeld:* Helene Ritzerfeld (1914-2000) arbeitete seit der Verlagsgründung im Hause Suhrkamp: zuerst als persönliche Sekretärin Peter Suhrkamps, danach auf Initiative Siegfried Unselds als Leiterin der Abteilung für Rechte und Lizenzen.

S. 165 *Elisabeth Borchers:* Elisabeth Borchers (1926-2013) war von 1971 bis 1998 Lektorin im Suhrkamp Verlag und im Insel Verlag.

S. 167 *NAPOLA:* NaPolA war eine umgangssprachliche Abkürzung für »Nationalpolitische Erziehungsanstalt« (offiziell NPEA). Ab 1933 wurden staatliche Internate eingerichtet, um einen nationalsozialistischen Führungsnachwuchs heranzuziehen. Die schulische Ausbildung auf der Grundlage der

NS-Ideologie ging einher mit körperlicher Ertüchtigung. – Uwe Johnson war von Sommer 1944 bis Januar 1945 in Kosten (Kościan) bei Posen (Poznań) auf einer »Deutschen Heimschule«, einer minder elitären Form der NPEA. In den *Jahrestagen* (1983) schreibt er: »Daß sein Vater sich den Nazis fern gehalten habe, darauf bestand er. Wie aber wollte er entschuldigen, daß er das fünfte Schuljahr verbracht hatte in einer NaPolA? Sein Vater sei 1944 vor die Wahl gestellt worden: Einziehung zur Wehrmacht, oder ein anderes Bekenntnis zum Hitlerstaat. Schwere finanzielle Belastung, die Gebühren für die National-Politische Erziehungsanstalt. Von den Ordensburgen der Hitlerjugend unterschieden durch geringere Ansprüche an körperliche Tüchtigkeit. Siehe die Brille. Ein Blechgestell, das ihm bei heißem Wetter rostige Rinnsale entlang der Nase schickte.« (*Jahrestage*, S. 1722)

S. 167 *ein geliehenes Buch (Scheuben?):* Das Fragezeichen stammt von Frisch. Vermutlich ist ein Buch von Erhard Wittek gemeint, der unter dem Pseudonym Fritz Steuben nationalsozialistische Kinder- und Jugendliteratur verfasste. Am bekanntesten waren seine Indianerbücher über den Shawano-Häuptling Tecumseh aus den 1930er-Jahren, die ganz den Ideologien von ›Volk‹, ›Rasse‹, ›Führer‹, ›Kampf‹ und ›Krieg als Erzieher‹ verpflichtet waren. Steubens Bücher wurden 1939 mit dem NS-Staatspreis für Jugendliteratur (Hans-Schemm-Preis) ausgezeichnet und erzielten hohe Auflagen.

S. 169 *Harcourt Brace:* New Yorker Verlagshaus, das unter dem Imprint »A Helen and Kurt Wolff Book« dem amerikanischen Lesepublikum europäische Literatur bekannt machte. Unter den deutschsprachigen Autoren, deren Bücher hier erschienen, finden sich neben Max Frisch Namen wie Jurek Becker, Günter Grass oder Uwe Johnson. Frisch äußerte sich zu dieser Reihe wie folgt: »›A Helen and Kurt Wolff Book‹ is a Légion d'Honneur for Harcourt Brace Jovanovich. To put it another way, ›A Helen and Kurt Wolff Book‹ has the same meaning as the phrase ›*Mis en bouteilles au château*‹ on the finest wine: bottled in the château.« (The New Yorker, 2. 8. 1982, S. 46)

S. 169 *Academy of Arts and Letters:* 1974 wurde Frisch zum
Ehrenmitglied (»honorary member«) der American Academy
of Arts and Letters (und des National Institute of Arts and
Letters) ernannt. Im April 1974 nahm er an einem Dinner für
die neu gewählten Mitglieder teil. In *Montauk* beschreibt er diesen Anlass so: »AMERICAN ACADEMY OF ARTS AND LET-
TERS: / ich erhebe mich und danke.« (GW VI, S. 626)

S. 169 *dann ein paar Lesungen (NY, Boston, Toronto, Montreal
etc.):* In der Agenda 1974 von Max Frisch sind alle Lesungen
verzeichnet: 17. 4. Toronto, 18. 4. Montreal, 19. 4. Harvard/
Boston, 22. 4. Cincinnati, 23./24. 4. Chicago, 25./26. 4. Washington, 27./28. 4. New York (siehe auch die Auflistung in
Montauk, GW VI, S. 655).

S. 169 *die sehr verschiedenartigen Aufenthalte:* Siehe auch die
Liste in *Montauk* (GW VI, S. 626).

S. 170 *Bundesrat Furgler:* Kurt Furgler (1924-2008), von 1972
bis 1986 Mitglied der Landesregierung als Vertreter der Christ-
lichdemokratischen Volkspartei der Schweiz (CVP), war als
Vorsteher des Justiz- und Polizeidepartements unter anderem
für die Asylpolitik der Schweiz verantwortlich. 1978 lieferte er
sich mit Max Frisch ein legendäres Streitgespräch in der Sen-
dung *Unter uns gesagt* des Schweizer Fernsehens, unter der Lei-
tung von Heiner Gautschy.

S. 170 *der vortreffliche Gerwig:* Andreas Gerwig (*1928) saß
von 1967 bis 1983 als Vertreter der Sozialdemokratischen Partei
der Schweiz (SP) im Nationalrat, Mitglied der einflussreichen
»Viererbande«. Er war mit Frisch befreundet und hat ihn als
Jurist bei der Gründung der Stiftung und bei der Erstellung des
Testaments beraten.

S. 170 *Inbezug auf den Offenen Brief:* Aus Protest gegen die
Visumspraxis der Schweizer Behörden gegenüber chilenischen
Flüchtlingen nach dem Sturz Salvador Allendes (1908-1973)
schrieb Max Frisch einen *Offenen Brief an den Schweizerischen Bundesrat,* datiert »Berlin, 2. 3. 1974« (siehe GW VI, S. 519-521). Er
wurde durch die Schweizerische Depeschen-Agentur vertrieben
und erschien zuerst in der Süddeutschen Zeitung (7. 3. 1974)
und in der Frankfurter Rundschau (8. 3. 1974), erst danach, und

meist nur in Auszügen, in der Schweizer Presse. – Frischs *Offener Brief* blieb seitens des Bundesrates unbeantwortet.

S. 170 *in der WELTWOCHE, Rüedi:* Der Artikel *Widerspruch im Widerspruch* von Peter Rüedi erschien in der Weltwoche vom 13. 3. 1974.

Inhalt